IMMANUEL BIRMELIN

mein
Wellensittich

INHALT

1 Typisch Wellensittiche

7	**Die kleinen Papageien kennenlernen**
7	Die wilden Vorfahren
9	Wellensittiche als Heimtiere
10	▶ **Wussten Sie schon, dass …** Wellensittiche als Leckerbissen galten?
11	Biologischer Steckbrief
13	**Tipp:** Verhaltensstörungen vermeiden
14	Geschlechtsbestimmung
14	Sinnesleistungen
15	**Tabelle:** Der Unterschied zwischen Wildform und Zuchtform
15	Mit den Augen des Wellensittichs
16	**Tipp:** Die Welt der Sinne kennenlernen
17	Mit den Ohren eines Wellensittichs
17	Der Geruchssinn
18	Der Geschmackssinn
18	Der Vibrationssinn
19	So leben Wellensittiche
20	Aus der Not wird eine Tugend
22	Verhaltensweisen: Schauen Sie genau hin!
22	Was Ihre Wellensittiche Ihnen »sagen« möchten
22	Was uns die Körpersprache der Vögel verrät
24	▶ **Mein Heimtier: Lernen Sie Ihre Vögel kennen**
24	Artgenossen sind wichtig
25	Wer passt zu wem?
25	Ordnung muss sein: die Systematik
27	**Beliebte Farbschläge**
27	Schönheitswettbewerb
27	**Tipp:** Standard-Wellensittiche
28	**Auf einen Blick:** Rasseporträts

2 Wie Wellensittiche leben möchten

35	**Eine »Wohnung« zum Wohlfühlen**
35	Viel Platz im gemütlichen Wellensittich-Heim
36	Der richtige Platz für das Wellensittich-Heim
37	**Checkliste:** Gefahren beim Freiflug
38	Das Basisheim
39	▶ **Wussten Sie schon, dass …** die Vögel sehr schnell fliegen können?
39	Zweckmäßige Einrichtung
40	Spielen großgeschrieben
41	**Auf einen Blick:** Grundausstattung
43	**Bewegung tut gut**
43	Bitte daran denken
44	Die Außen-Voliere
45	Volieren-Ausstattung
46	**Tipp:** Ein Vogelzimmer in der Wohnung
46	Wellensittiche müssen fliegen
48	Der Kletterbaum
48	▶ **Mein Heimtier: Womit spielen Ihre Wellensittiche am liebsten?**

Willkommen zu Hause 3

51	**Kauf und Auswahl der Wellensittiche**
51	Wo finden Sie Ihre gefiederten Freunde?
52	**Checkliste:** Gesunde Wellensittiche
53	Noch ein Wort zur Zuchtgenehmigung
54	▶ **Eltern-Extra:** Keine Lust auf Wellensittiche
55	Alter beim Kauf
55	Geschlechtsunterscheidung
55	Mein Anliegen zu Ihrer Kaufentscheidung
56	**Sanfte Eingewöhnung**
56	Ihr Einfühlungsvermögen ist gefragt
57	Wie Sie die Vögel beim Heimtransport schonen
58	Die Wellensittiche in ihrem neuen Zuhause
59	Das ABC für eine problemlose Eingewöhnung
59	**Tipp:** Versorgung in den ersten Tagen
61	Wellensittiche zähmen
61	▶ **Wussten Sie schon, dass ...** nicht jeder Wellensittich ein Sprachtalent ist?
62	▶ **Mein Heimtier: »Draufgänger« oder »Angsthase«?**
64	Fragen rund um Haltung und Eingewöhnung

Das ist gesund und schmeckt 4

67	**Richtige Ernährung – ein wichtiges Kapitel**
67	»Wellensittich-Männer« bleiben schlank
68	▶ **Wussten Sie schon, dass ...** bereits Jungvögel Futtervorlieben entwickeln?
69	Was fressen wild lebende Wellensittiche
70	Körner als Grundnahrung
71	**Auf einen Blick:** Gesundes Futter
72	**Nahrungsbausteine**
72	Eiweiß sorgt für Erneuerung
72	Kohlenhydrate liefern den »Treibstoff«
73	Fett – Energie pur
74	Mineralien sorgen für Wohlbefinden
74	**Tabelle:** Ernährungsplan für Ihre Wellensittiche
75	Vitamine sind für den Stoffwechsel wichtig
76	Grünfutter gehört auf den Speiseplan
77	Es ist »angerichtet«
77	**Checkliste:** Fütterungsregeln
78	▶ **Mein Heimtier: Was schmeckt Ihrem Sittich am Besten?**

INHALT

5 Gut gepflegt und rundum gesund

- 81 **Sauberkeit ist oberstes Gebot**
- 81 Körperpflege – eine wichtige Angelegenheit
- 82 Die Pflege der Vögel
- 83 Hausputz im Käfig
- 83 **Tipp:** Verletzung beim Krallenschneiden
- 84 ▸ **Eltern-Extra:** Abschied nehmen
- 85 Hausputz in der Voliere
- 85 Die Mauser
- 86 ▸ **Mein Heimtier:** Hält Ihr Wellensittich sein Gewicht?

- 87 **Häufige Krankheiten**
- 87 »Schwierige« Patienten
- 87 Krankheitsanzeichen erkennen
- 88 Haut- und Gefiedererkankungen
- 89 Viruserkrankungen
- 90 Kropfentzündung
- 91 Papageienkrankheit
- 91 Going-Light-Syndrom
- 91 ▸ **Wussten Sie schon, dass ...** das Gefieder kontinuierlich erneuert wird?
- 92 Abszesse und Tumore
- 92 Das können Sie tun
- 93 Medikamente verabreichen
- 93 **Checkliste:** Hausapotheke für Wellensittiche
- 94 Fragen rund um Pflege und Gesundheit

6 Beschäftigen und lernen

- 97 **Förderkurs für Wellensittiche**
- 97 Im Spiel fürs Leben lernen
- 98 Spiele, die Spaß machen und das Denken fördern
- 99 Abenteuerspielplatz
- 99 Es darf nie langweilig werden
- 100 Wellensittiche lernen gern
- 101 ▸ **Wussten Sie schon, dass ...** jeder Wellensittich eine unverwechselbare Persönlichkeit ist?
- 102 Was Wellensittiche leicht lernen
- 104 **Tabelle:** Spielzeug, das Wellensittiche lieben

- 105 **Verkannte Genies**
- 105 »Maskenball« in der Wellensittich-Voliere
- 106 Ein erstaunlich gutes Gedächtnis
- 106 Kluge »Köpfe«
- 107 **Checkliste:** Lernen nach Programm
- 108 Sprach-Talente
- 109 Die Kunst des Nachahmens
- 109 **Tipp:** Sprachunterricht
- 110 Denkleistungen
- 110 ▸ **Mein Heimtier:** So fördern Sie die Intelligenz des Sittichs

Nachwuchs im Vogelheim

7

113	Familienplanung bei »Wellensittichs«	120	Gesund und munter
113	Wohin mit dem Nachwuchs?	120	Die Zeit vor der Geburt
113	Gesunde Eltern	121	Eine schwere Geburt
114	▶ Wussten Sie schon, dass … Wellensittich-Mütter ihren Jungen helfen?	121	Die Entwicklung der Jungen
114	Grundbausteine der Genetik	122	**Auf einen Blick:** Die Entwicklung
116	**Tipp:** Die Größe des Einschlupflochs	123	Die Küken entdecken die Welt
116	Fürs Brüten wichtig	124	Die Pflege der Kinder
118	Partnerwahl, Balz und Paarung	124	▶ Mein Heimtier: Wie fürsorglich sind Wellensittich-Eltern?
118	**Tipp:** Es darf nicht zu warm sein	125	Nach der Brut
		125	Zeit für die Abgabe

Was tun, wenn es Probleme gibt?

8

127	Haltungsprobleme richtig lösen	130	Wenn die Vögel alt werden
		131	Die Wellensittich-Mutter ist gestorben
127	Spiegel anbalzen	132	Eindringlinge im Nistkasten
128	Kann auch ein Einzelvogel glücklich sein?	132	Aneinander gewöhnen
128	Der Wellensittich verweigert die Grünkost	133	»Dauerbrut«
		133	Sprechen lernen
128	Wenn das Bein durch den Fußring geschwollen ist	134	**Tipp:** Per Hand aufgezogene Vögel
		134	Wellensittich entflogen
129	Der Vogel trauert um den Verlust des Partners	134	▶ Mein Heimtier: Wie verbringen Wellensittiche den Tag?
129	▶ Wussten Sie schon, dass … ein Wellensittich sich verirren kann?		

Anhang

Mit Poster: So geht's uns rundum gut!

136 **Tiersitter-Pass**
138 Register
141 Adressen und Literatur
144 Impressum

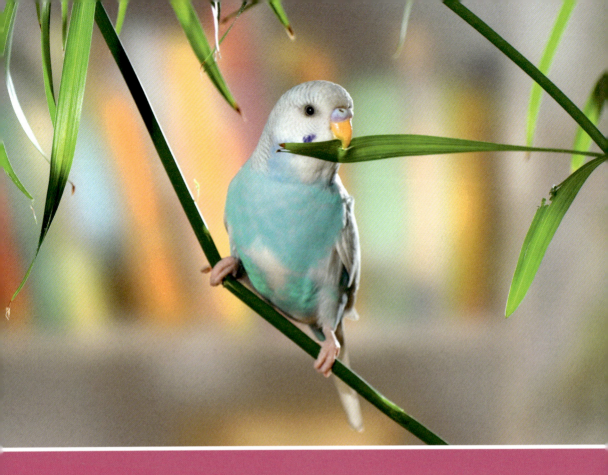

1 Typisch Wellensittiche

Sie sind die beliebtesten Ziervögel der Welt – und das nicht ohne Grund. Es ist nicht nur ihr hübsches Aussehen, das uns fasziniert, sondern auch ihre Intelligenz und ihr liebenswertes Wesen.

Die wilden Vorfahren **1**

Die kleinen Papageien kennenlernen

Lassen Sie sich ein, auf eine Reise zu den wildlebenden Wellensittichen in Australien. Begeben Sie sich auf die Suche nach den Wurzeln Ihrer gefiederten Hausgenossen mit all ihren interessanten Verhaltensweisen und Fähigkeiten.

MILLIONEN blauer, gelber, grüner und bunt gescheckter Wellensittiche leben in der Obhut des Menschen. Züchter kombinierten aus den Erbanlagen unserer gefiederten Freunde kühne Farbenspiele und skurrile Mutationen. Wellensittiche sind als Heimtiere bunter, aber auch schwerer und behäbiger geworden als ihre wilden Vorfahren. In der Wildnis Australiens könnten sie nicht mehr überleben.

Die wilden Vorfahren

Aussehen: Der wildlebende – etwa spatzgroße – Wellensittich wiegt ca. 30 Gramm, unser Haus-Wellensittich in der Regel über 50 Gramm. Der »wilde« Vetter hat ein vorwiegend grün oder grünliches Gefieder. Flügel und Rücken sind schwarzbraun gefärbt. Der Kopf ist gelb mit einer dichten schwarzen Streifenzeichnung, das Gesicht (Maske) ist vom Scheitel bis zu Kehle hellgelb. Seine attraktiven, violetten Bartflecken besitzen innen je drei schwarze Kehltupfen. Die Schwanzfedern sind sehr lang. Der Wellensittich ist ein schöner, eleganter Vogel, der den schweren Lebensbedingungen des australischen Kontinents trotzen kann. Es sind vor allem die harten klimatischen Bedingungen, der Mangel an Regen, mit dem die Wellensittiche fertig werden müssen. Sie durchstreifen Trockengebiete im Zentrum des Kontinents, wo es selten regnet. Auf der Suche nach Wasser ziehen die tüchtigen Flieger oft Tausende von Kilometern weit. Dabei kommen immer wieder Hunderttausende Vögel um. Manchmal dauert es viele Monate, ja sogar Jahre, bis Niederschläge diese Trockengebiete erreichen. Sobald die ersten Regentropfen fallen, suchen sie sich Höhlen und beginnen – wie auf ein Startzeichen hin – mit Paarung, Brut und Aufzucht. In rascher Folge ziehen

Ein sauberes Gefieder garantiert einen »guten Flug«. Wellensittiche nehmen deshalb die Gefiederpflege sehr ernst.

TYPISCH WELLENSITTICHE

sie mehrere Bruten mit bis zu acht Jungen heran und gleichen so die hohen Verluste der Dürre aus.

Zwar regnet es nie lange, aber die Feuchtigkeit genügt, um in kürzester Zeit Pflanzen wachsen, Blüten treiben und Früchte entwickeln zu lassen. Wellensittichmännchen, die zunächst nur für ihre Weibchen in der Bruthöhle, dann für die wachsende Familie Futter heranschaffen, finden genug Samen – selbst wenn das Regenwasser längst verdunstet ist.

Ein Leben im Schwarm: Nie leben die grünen Wilden allein. Sie schließen sich zu großen Schwärmen, manchmal bis zu Tausenden von Tieren, zusammen. Der Vorteil des Lebens im Schwarm liegt nahe: Im Schwarm findet man die Futter- und Wasserstelle leichter und man kann sich gegenseitig durch Warnlaute schützen. Werden die Vögel bedroht, so ertönt ein charakteristischer Alarmruf und der Schwarm fliegt sofort davon. Beutegreifer wie z. B. Wanderfalken haben es schwer, einen Vogel im Flug zu erbeuten. Sie können einen einzigen Wellensittich kaum fixieren, für sie erscheint der Schwarm fast wie eine Einheit. Im Schwarm muss man lernen das zu tun, was der andere macht. Kein Wunder, dass Wellensittiche gute Beobachter sind und immer auf die Artgenossen schauen. Das gilt sowohl für die Wild- als auch für die Zuchtform. Sehen beispielsweise vorbeifliegende Wellensittiche andere beim Fressen, gesellen sie sich dazu, und der Schwarm wird im-

1 **Überblick** von hoher Warte. Nicht nur zum Ausruhen ist der Baum geeignet, sondern von hier aus kann der Wellensittich auch ermessen, ob ein lukratives Nahrungsangebot oder eine Wasserstelle in Sicht ist.

2 **Endlich Wasser.** In ihrer australischen Heimat ist das Leben der Wellensittiche von anhaltenden Trockenperioden bedroht. Wasser ist lebenswichtig, und wenn es gefunden ist, wird ausgiebig getrunken und gebadet.

Wellensittiche als Heimtiere

Das Männchen füttert das Weibchen, damit es seine Kinder füttern kann.

mer größer. Dieses Verhalten können Sie auch bei Ihren Vögeln beobachten. Beginnt eine Gruppe oder ein einzelner Vogel auf dem Boden nach Futter zu suchen, folgen ihm die anderen sofort.
Gemeinsame Sache: Wellensittiche machen fast alles gemeinsam. Kein Vogel tanzt aus der Reihe. Selbst in der Mittagspause sitzen Hunderte von Vögeln im kühlen Schatten der Bäume. Steigen die Temperaturen über 35 Grad, spreizen sie leicht die Flügel ab und öffnen den Schnabel. Sinn dieser Übung ist es, den Körper abzukühlen. Meine Vögel machen an einem heißen Sommertag dasselbe. Groß ist die Freude für meine Wellensittiche, wenn sie dann eine künstliche Regendusche bekommen. Ich spritze dann Wasser mithilfe eines Schlauchs an die Decke meiner großen Voliere, sodass es wie Regen herunterperlt. Ein herrliches Duschvergnügen für die Tiere.
Die kleinen Vögel sind besonders hart im Nehmen und wahre Überlebenskünstler. Das haben Versuche gezeigt, die Sie auf keinen Fall nachmachen dürfen. Bei einer Temperatur von 20 Grad und einer Luftfeuchtigkeit von 30 % können Wellensittiche bis zu 30 Tage überleben, ohne einen Tropfen Wasser zu sich zu nehmen. Das ist eine unglaubliche Leistung und es ist nur schwer vorstellbar, dass ein so kleiner Körper das aushält. Die Antwort liegt in der Evolution. Alles ist danach ausgerichtet, Wasser zu sparen. Wasser ist im natürlichen Lebensraum der Wellensittiche Mangelware. Deshalb verharren die kleinen Papageien fast bewegungslos im Schatten der Bäume. Durch Bewegung wird nämlich der Sauerstoffbedarf eines Lebewesens höher, die Lungentätigkeit verstärkt sich, wodurch mehr Feuchtigkeit verdunstet. Wellensittiche sind also in ihrem Verhalten optimal an die Natur angepasst.

Wellensittiche als Heimtiere

Die gemeinsame Geschichte von Mensch und Wellensittich ist jung im Vergleich zu der von Hund oder Katze. Erst seit etwa 200 Jahren weiß man um die Existenz dieser eleganten Vögel. Die erste Beschreibung stammt von Shaw und Nodder im Jahre 1805. In Europa wurden die Wellensittiche durch den englischen Naturforscher John Gould bekannt. Er reiste mit seiner Frau kreuz

TYPISCH WELLENSITTICHE

und quer durch Australien und entdeckte im Herzen des Kontinents die flinken grünen Vögel. Gould war begeistert von ihnen und beobachtete ihre Lebensweise genauer. Die Ergebnisse sind in seinem Buch »Birds of Australia« festgehalten. Was John Gould in Worte fasste, gelang seiner Frau mit sehr schönen Zeichnungen. Ihre Bilder sind detailgenau und mit Leben erfüllt.

Kaum jemand hat die Tiere besser gezeichnet. John Gould gab ihnen auch den wissenschaftlichen Namen »Melopsittacus undulatus shaw«. Nomen est Omen ist eine lateinische Redensart, die so viel heißt wie: Der Name ist ein Zeichen. Das trifft auch für den Wellensittich zu. *Melos* kommt aus der griechischen Sprache und bedeutet Gesang, psittacus ist ebenfalls griechisch und heißt: Papagei. Undulatus ist das lateinische Wort für Wellenlinie und bezieht sich auf die Wellenzeichnung des Gefieders. Und dass dieser kleine Vogel auch noch Shaw heißt, verdankt er natürlich seinem Entdecker.

Heute sind Wellensittiche die beliebtesten Ziervögel der Welt. Ihr Siegeszug begann im Neunzehnten Jahrhundert, als die ersten heimkehrenden Siedler diese munteren Vögel nach Europa brachten.

Schon um 1880 gab es in der Nähe von Toulouse eine Ausstellung, bei der 15 000 Vögel gezeigt wurden. Ihre Beliebtheit verdanken Wellensittiche sicherlich ihrem Aussehen, aber was in meinen Augen noch mehr zählt, ist ihr Wesen. Sie sind leicht zu zähmen, freundlich, gesellig und besitzen die

WUSSTEN SIE SCHON, DASS …

… Wellensittiche als Leckerbissen galten?

Die Ureinwohner Australiens, die Aborigines, gaben dem Wellensittich den Namen »Betcherrygah«, was übersetzt soviel heißt wie »gutes Essen«. Aus der Sprache der Eingeborenen leitet sich übrigens die englische Bezeichnung »Budgerigar« für den Wellensittich ab. Die Aborigines schätzten die kleinen Papageien als Leckerbissen. Wellensittiche machten es den Menschen besonders leicht, an schmackhafte Nahrung zu kommen. Wenn die Bedingungen optimal sind, brüten Wellensittiche, die ja in großen Schwärmen leben, zu Hunderten gleichzeitig. Zum Nisten suchen sie sich Baumhöhlen, in denen die Jungen aus den Eiern schlüpfen. Während ihrer Entwicklung strecken die Jungen fast zum gleichen Zeitpunkt die Köpfchen aus der Bruthöhle, um bei ihren Eltern nach Futter zu betteln. Die Aborigines brauchten nur noch in die Höhle zu greifen und hatten einen gedeckten Tisch.

Biologischer Steckbrief

Das Wichtigste im Leben eines Wellensittichs sind **Artgenossen**. Einzelvögel verkümmern psychisch. Der Mensch kann kein Ersatz für den Vogelpartner sein.

Fähigkeit zu sprechen. Der erste Wellensittich in Europa, von dem man weiß, dass er sprach, plapperte sein Sätzchen in Deutsch.
Es war an einem Morgen im Jahre 1877 als Frau E. Mayer aus Stuttgart von ihrem Wellensittich mit den Worten »Komm Liebling, komm«, begrüßt wurde. Die Überraschung und die Freude der alten Dame müssen groß gewesen sein.
Das Sprechtalent der kleinen Papageien zahlte sich aus. Zeitweise kostete ein Vogel bis zu 700 Pfund.

Sittiche schenken Lebensqualität

Wellensittiche bereichern das Leben. Dass Heimtiere eine positive Wirkung auf Kinder haben ist allgemein bekannt. Doch dass Wellensittiche auch bei alten Menschen für mehr Lebensqualität sorgen, ist jetzt wissenschaftlich belegt. In verschiedenen Altenheimen gab man 100 Heimbewohnern Wellensittiche in Pflege. Das Ergebnis nach nur acht Wochen war verblüffend. Die »Pfleger« hatten wieder mehr Lust am Leben, der Kontakt zu anderen Heimbewohnern wurde gefördert. Es gab viel über die Erfahrungen und Erlebnisse mit den Vögeln zu erzählen. Das Leben der Senioren hatte wieder neuen Sinn bekommen.

Biologischer Steckbrief

Skelett: Die hohlen, nicht mit Mark gefüllten Knochen sind besonders leicht. Ihr Anteil am Gesamtkörpergewicht beträgt nur 8 bis 9 %. Die Leichtbauweise des Skeletts verrät schon, dass Wellensittiche von Natur aus gute Flieger sind. In der Beckengegend sind die Lenden-, Kreuzbein- und die ersten Schwanzwirbel zu einem kompakten Knochen verschmolzen, der einen kräftigen Trageapparat für den Vogelkörper bildet. Am Ende der Wirbelsäule befindet sich der Steißknochen. Am Brustbein (= *Sternum*) setzen die Flugmuskeln an. Auffallend sind die großen Augenhöhlen. Ober- und Unterschnabel sind gelenkig mit dem Skelett verbunden. Jeder Fuß hat vier Zehen, die durch das Zehengrundgelenk am Lauf verbunden sind. Zwei Zehen weisen nach vorne, zwei nach hinten.

Körpergewicht: Es scheint, als ob das Gewicht unserer Wellensittiche in den letzten Jahrzehnten zugenommen hat. Zuverlässige Messungen der siebziger Jahre

Herrlich: Ein Vollbad im Untersetzer des Blumentopfs.

TYPISCH WELLENSITTICHE

▸ **1** **Gefiederpflege** wird bei Wellensittichen großgeschrieben. Doch wer sich dazu eine rollende Kugel aussucht, muss sehen, wie er damit fertig wird.

▸ **2** **Der Balanceakt** gelingt anfangs noch ziemlich gut. Sorgfältig werden die Federn durch den Schnabel gezogen.

▸ **3** **Dann rollt die Kugel** und alles gerät ins Wanken. Gücklicherweise kann ein Wellensittich fliegen – unsereins wäre mit Sicherheit abgestürzt …

geben ein Gewicht von etwa 40 Gramm an. Im Jahr 2005 gewogene Tiere brachten ein Gewicht von 50 Gramm auf die Waage. Vermutlich handelt es sich dabei um einen Züchtungseffekt.
Alter: Ein gesunder Wellensittich kann 12 bis 14 Jahre alt werden.
Körpertemperatur: Sie beträgt im Durchschnitt 42,1 Grad. Bei einer Körpertemperatur von 40,5 Grad spricht man von Untertemperatur. Bei dieser Temperatur haben wir schon hohes Fieber. Bei 42, 6 Grad haben Wellensittiche Fieber, und wir sind dann in der Regel bereits schon tot.
Muskulatur: Die beiden Brustmuskeln, die die Flügel auf- und ab bewegen, wiegen fast so viel wie alle anderen Muskeln zusammen (etwa 11 Gramm). Diese Zahl verdeutlicht, wie wichtig es ist, dass die Brustmuskeln beim täglichen Freiflug beansprucht werden (→ Freiflug, Seite 46).
Herz: Es wiegt durchschnittlich 0,58 Gramm, ist 14,1 Millimeter lang und 7,5 Millimeter breit.

Bezogen auf die Gesamtmasse eines Wellensittichs von 40 Gramm sind das 1,2 %. Wie groß diese Prozentzahl wirklich ist, zeigt der Vergleich mit dem menschlichen Herzen.
Bei einem Menschen von 70 Kilogramm Gewicht und einem Herzgewicht von 300 Gramm ist der Prozentsatz nur 0,4 %. Das Herz des Vogels schlägt 200 bis 600 Mal in der Minute. Wie atemberaubend schnell das ist, können Sie selbst überprüfen. Versuchen Sie in einer Minute mit dem Finger 500 Mal auf den Tisch zu klopfen. Das ist kaum zu schaffen.
In den Adern des Wellensittichs fließen nur sechs Milliliter Blut – nicht mehr als ein Tröpfchen. Kein Hochleistungssportler hat im Vergleich zur Körpermasse ein so schweres und leistungsstarkes Herz. Das Herz des Wellensittichs ist eine Kraftmaschine.
Atmungssystem: Vögel haben das leistungsfähigste Atmungsorgan aller Tiere. Ihre Lungen sind nach einem anderen Bauprinzip als das der Säugetiere kon-

Biologischer Steckbrief

struiert. Ihre Lungen sind mit Luftsäcken verbunden. Das hat zwei Vorteile: Erstens kann die eingeatmete Luft besser ausgenutzt werden, also ist der Gewinn an Sauerstoff pro Atemzug größer als bei uns. Zweitens wird dadurch das Fliegen erleichtert. Wellensittiche brauchen viel Sauerstoff, daher muss der Raum, in dem sie als Heimtiere leben, immer gut durchlüftet sein.
Verdauungssystem: Wohin man bei den Wellensittichen schaut, alle Organe sind so an die Natur angepasst, dass sie gut fliegen können. So auch das Verdauungssystem. Bevor die Nahrung in den Magen gelangt, passiert sie erst den Kropf. Der Kropf ist eine Erweiterung der Speiseröhre und dient als Futterbehälter und Vorbereitung für die eigentliche Verdauung im Magen. Um nicht unnötiges Gewicht mit sich zu schleppen, wird der Kropf aber erst gefüllt, wenn der Magen bereits voll ist. Vom Magen rutscht der Speisebrei in den Dünndarm, Dickdarm und Enddarm. Der letzte Teil des Enddarms bildet die Kloake, in die auch die Ausführgänge der Geschlechtsorgane münden. Vögel haben also nur eine Öffnung, durch die Kot, Urin und die Eier ausgeschieden werden. Die Gesamtlänge des Darmes, gemessen vom Ausgang des Magens bis zur Kloake, beträgt 21,5 Zentimeter.

> TIPP
>
> ### Verhaltensstörungen vermeiden
>
> Wellensittiche haben viele angeborene Verhaltensweisen. Wenn sie diese Verhaltensweisen nicht ausleben dürfen, entwickeln sie häufig Verhaltensstörungen. Wellensittiche brauchen angeborenermaßen die akustische und optische Anwesenheit eines Sittichpartners. Darum kaufen Sie immer nur zwei Vögel.

Geschlechtsbestimmung

Wer ist wer? Die Beantwortung dieser Frage ist für die Haltung von Wellensittichen wichtig. Denn Wellensittich-Weibchen sind – vor allem zu ihren weiblichen Artgenossinnen – bisweilen ziemlich unfreundlich. Aus diesem Grund rate ich Ihnen auch ab, nur Weibchen in einer Gruppe miteinander zu pflegen (→ Wer passt zu wem? Seite 25). Bei ausgewachsenen Tieren ist das Geschlecht leicht zu unterscheiden. Nach abgeschlossener Jugendmauser färbt sich die Nasenhaut oberhalb des Schnabels. Bei Hähnen wird sie blau, bei Hennen dagegen braunbeige. Bei Jungtieren haben auch erfahrene Züchter und Händler Schwierigkeiten, das Geschlecht zu bestimmen, denn die Haut ist sowohl bei den Männchen wie bei den Weibchen hellrosa oder hellbeige. Eine kleine Hilfe: Hennen haben um die Nasenlöcher haarfeine helle bis weißliche Ringe.

Aber wie gesagt, sicher ist man erst, wenn die Tiere älter sind und die männlichen wie weiblichen Hormone voll aktiv sind. Der Verwirrung nicht genug: Bei älteren Männchen (in der Regel über sieben Jahre) verfärben sich die blauen Nasenhäute braunbeige. Und warum ist das so?

Im Alter nehmen die weiblichen Hormone bei Wellensittichen zu. Das klingt zwar befremdlich, ist aber in der Biologie an der Tagesordnung. Auch bei Menschen verändert sich die Hormonkonzentration im Alter. Bei Frauen steigen die männlichen Hormone nach der Menopause an. Doch warum steigen bei den Vögeln die weiblichen und bei den Säugern die männliche Hormone? Bei Säugetieren und Vögeln ist die Anordnung der Geschlechtschromosomen bei Männchen und Weibchen unterschiedlich. Bei Säugern tragen die Männer ein X- und ein Y-Chromosom (→ Seite 114) und die Weibchen zwei X-Chromosomen. Bei Vögeln haben die Hähne zwei X-Chromosomen und die Hennen ein X- und ein Y-Chromosom.

Sinnesleistungen

Wer seine Tiere gut halten will, muss mit ihnen in einen »Dialog der Sinne« treten. Wer nicht weiß, dass sein Schützling mehr Farben sieht oder ganz andere Töne wahrnimmt als wir, macht bei der Haltung sicher Fehler. Jedes Sinnesorgan jeder Tierart, ob Auge oder Ohr, wurde in Tausenden von Jahren an die Umwelt angepasst. So nehmen Elefanten Töne wahr, die unseren Ohren verborgen

> Um Wellensittiche zu verstehen, muss man sich mit **dem Wesen** der kleinen Papageien beschäftigen.

Wellensittiche sind Flugkünstler und brauchen deshalb als Heimtiere viel Freiflug.

DER UNTERSCHIED ZWISCHEN WILDFORM UND ZUCHTFORM

SIE UNTERSCHEIDEN SICH VOR ALLEM IM AUSSEHEN

Wildform	Zuchtform
Gefieder: Hellgrüne bis sattgrüne Farbe, Gesicht und Stirn (Maske) leuchtend gelb, 6 schwarze Kehltupfen zur Brust hin; blauviolette Bartflecken an den Wangen; Wellenzeichnung an Hinterkopf, Rücken und Flügeldecken.	**Gefieder:** Inzwischen gibt es viele Zuchtformen mit unterschiedlichen Gefiederfarben und Zeichnungen (→ Beliebte Farbschläge, ab Seite 27).
Größe: 16 bis 20 cm	**Größe:** oft größer als 20 cm (laut Standard: 21, 6 cm und größer)
Gewicht: ca. 30 Gramm	**Gewicht:** 30 bis 50 Gramm und mehr

bleiben, aber für das Leben der Elefanten unerlässlich sind. Mit ihren Infraschalllauten rufen brünstige Weibchen ihre kilometerweit entfernten Freier herbei. Als man dies vor etwa 25 Jahren entdeckte, war das eine Sensation, und seitdem wird dieser Fähigkeit bei der Haltung in Zoos Rechnung getragen. Das wünsche ich mir auch für die Wellensittiche.

Sinnesorgane sind die Tür zur Außenwelt, und die wird von jeder Tierart unterschiedlich wahrgenommen. Leider wird die Bedeutung für das Wohlbefinden einer Tierart von vielen Haltern unterschätzt oder gar nicht wahrgenommen. Sie sehen die Tiere mit ihren Augen und übertragen ihre Sichtweise dann auf die Tiere. Das kann zu völlig falschen Schlussfolgerungen führen. Würde man einen Wellensittich fragen und könnte er antworten, wie er den letzten Harry Potter Film gefunden hat, so wäre seine Antwort klar und unmissverständlich. Er habe gar keinen Film gesehen, sondern nur einen langsamen Diavortrag (→ Mit den Augen des Wellensittichs, unten).

Mit den Augen des Wellensittichs

Die Vogelaugen sind die relativ größten unter den Wirbeltieren (Vögel, Fische, Amphibien, Reptilien und Säuger). Sie nehmen etwa 50 % des Kopfvolumens in Anspruch, im Gegensatz zu nur 5 % beim Menschen. Diese Zahlen sprechen

TYPISCH WELLENSITTICHE

für sich und zeigen, wo die Stärke der Vögel liegt: im Sehen. Die seitlich sitzenden Augen verschaffen dem Wellensittich einen fast vollständigen Rundum-Blick. Auch Feinde, die sich von hinten nähern, haben daher kaum eine Chance, unerkannt zu bleiben.

Vögel sehen den größten Tei ihrer Umgebung nur mit einem Auge und eindimensional. Sie können sogar die beiden Augen getrennt auf verschiedene Entfernungen einstellen. Ihre Augen können auch unabhängig voneinander bewegt werden. Stare z. B. sind in der Lage, mit einem Auge die Schnabelumgebung am Boden und mit dem anderen den Himmel zu kontrollieren. Ob Wellensittiche auch zu solchen Leistungen fähig sind, wurde meines Wissens noch nicht wissenschaftlich untersucht. Ich glaube Wellensittiche machen keine Ausnahme. Immer wieder bin ich erstaunt, was meine kleinen Piepmätze alles in ihrer Voliere registrieren. Sie sehen jeden Greifvogel in der Luft und beobachten gleichzeitig das Geschehen am Boden. Viele Greifvögel sehen gut räumlich, also dreidimensional. Wer eine Beute womöglich noch im Flug packen will, muss wissen, wie weit seine Beute entfernt ist. Abstände genau abzuschätzen gelingt nur mit dem räumlichen Sehen. Wie und was ein Organismus sieht, hängt also von den Lebensbedingungen ab. Wellensittiche sehen räumlich wahrscheinlich nur begrenzt. Sittiche leben in einer bunten Welt: Ihre Augen sind noch farbtüchtiger als unsere. Im menschlichen Auge gibt es drei lichtempfindliche Typen von Sinneszellen, die rotes, grünes und blaues Licht absorbieren. Unser Gehirn verarbeitet Millionen von Farbeindrücken. Nach einem ähnlichen Prinzip arbeitet der Farbfernseher. Wellensittiche haben sogar vier Typen von Sinneszellen. Der vierte absorbiert ultraviolette Strahlung des Sonnenlichts. Seit neuestem weiß man, dass sie auch Fluoreszenzlicht wahrnehmen. Die Entdeckung dieser Fähigkeit ist eine spannende Geschichte und – so viel sei gesagt: Sie spielt eine wichtige Rolle bei der Partnerwahl (→ Seite 118).

Das Auge des Wellensittichs verarbeitet 150 Bilder pro Sekunde. Das bedeutet, dass sein Auge Bewegungsabläufe in bis zu 150 Einzelbilder pro Sekunde zerlegen kann. Der Mensch bringt es dagegen nur auf bescheidene 15 bis 20 Bilder.

Der Sittich verarbeitet Bilder im Zeitraffertempo und kann so jede Bewegung des Feindes besser wahrnehmen. Was bei der Haltung von Wellensittichen aufgrund dieser Sinnesleistung zu beachten ist und wie sie auf Neonlicht reagieren, habe ich Ihnen im 2. Kapitel auf Seite 36 beschrieben. Beispielsweise ist es interessant zu erfahren, wie die Vögel reagierten, als man sie vor die Wahl von helleren oder dunkleren Räumen stellte.

> **TIPP**
>
> ### Die Welt der Sinne kennenlernen
>
> Wenn Sie wissen, wie Wellensittiche ihre Umwelt wahrnehmen, können Sie Gefahren vermeiden. Die Vögel sehen z. B. eine große Glasscheibe meist erst dann, wenn es zu spät ist. Ihr räumliches Sehen ist wesentlich schlechter entwickelt als unseres. Auch Lärm löst bei Ihnen oft Angst und Panik aus.

Der Geruchssinn 1

Neugierig und gewitzt: Genau so sieht dieser Wellensittich aus. ▶

Mit den Ohren eines Wellensittichs

Laute, Klänge, Töne und Gesänge spielen in der Welt der Wellensittiche eine bedeutende Rolle. Zeitlebens lernen sie neue Laute, und das hat seinen guten Grund. Die Lautäußerungen dienen der sozialen Verständigung. Männliche Tiere haben ein Repertoire an Kontaktrufen, einige von ihnen festigen sogar die Paarbeziehung. Auch in der Beziehung zum Menschen spielen Laute eine bedeutende Rolle. Schließlich lernen Wellensittiche die menschliche Sprache nachzuahmen. Kein Wunder also, dass Wellensittiche gut hören.

Die Ohren verstecken sich im Federkleid hinter den Augen. Ohrmuscheln fehlen – sie wären auch nur überflüssiger Ballast für die kleinen Flieger. Lange Zeit glaubte man, dass sie auf Grund ihres kleinen Kopfes Töne an unterschiedlichen Orten schwer unterscheiden können. Vieles sprach dafür, dass ihr Richtungshören nicht besonders gut ausgeprägt ist, aber die Wissenschaft widerlegte die Vermutung. Wellensittiche sind fast genauso gut im Richtungshören wie der Mensch. Ihr Hörvermögen steht dem des Menschen kaum nach. Die untere Hörgrenze liegt bei ihnen bei 40 Hertz und die Obergrenze bei 14 000 Hertz (Mensch: 16 Hertz bis 20 000 Hertz). Unser Ohr reagiert auf Töne mit 2 000 Hertz am empfindlichsten, bei anderen Frequenzen müssen wir lauter sprechen, damit wir verstanden werden. Auch Wellensittich-Ohren sind in diesem Frequenzbereich von 2 000 bis 4 000 Hertz am empfindlichsten. Aber in einem Punkt sind uns die Wellensittiche voraus. Sie können akustische Signale zeitlich besser auflösen. Was sich für uns nur als rasches Gezeter anhört, nimmt der Sittich als eine erkennbare Tonfolge wahr, die er unverändert wiedergeben kann. Sein akustisches Gedächtnis ist hervorragend, bestimmte Frequenzen kann er sich gut merken. Das sichert sein Überleben, denn der Alarmruf darf nicht verfälscht werden.

Der Geruchssinn

Generationen von Wissenschaftlern glaubten, dass Vögel nicht riechen können. Das ist verständlich, denn wer Vögel beobachtet, sieht sie niemals schnuppern. Was liegt näher als anzu-

17

TYPISCH WELLENSITTICHE

◂ Diskussion gefällig? Auch Wellensittiche haben manchmal verschiedene Meinungen. Hier scheint eine durchaus ernsthafte Unterhaltung im Gange zu sein. Wie wird man sich wohl einigen?

nehmen, dass sie nicht riechen können. Aber das Blatt scheint sich zu wenden. Bei einigen Vogelarten hat man inzwischen entdeckt, dass sie in der Lage sind, zu riechen. Ob Wellensittiche riechen, weiß man meines Wissens nicht. Meine langjährigen Beobachtungen geben keinen Hinweis. Ich glaube, der Geruch spielt im Leben der kleinen Papageien – wenn überhaupt – nur eine sehr untergeordnete Bedeutung.

Der Geschmackssinn

Wie gut Wellensittiche schmecken, ist wissenschaftlich noch nicht genau erforscht. Wir sind vor allem auf die Beobachtungen von Haltern angewiesen. Sehr viele Wellensittiche dürfen von den Mahlzeiten ihrer Menschen naschen und haben ganz bestimmte Vorlieben für die eine oder andere Speise. Das lässt auf Geschmacksvorlieben schließen. Sittiche mögen Salziges, lehnen Süßes dagegen meist ab. Ihre großen Verwandten, die Papageien, haben 350 Geschmacksknospen auf der Zunge (Menschen 9000), vermutlich besitzen die Wellensittiche die gleiche Anzahl. Ihr Verhalten verrät ihre Vorlieben. Was nicht schmeckt, wird angewidert und kopfschüttelnd ausgespuckt.

Hinweis: Stark gewürzte Speisen schaden der Gesundheit Ihrer Wellensittiche. Deshalb sollten Sie Ihre Vögel keinesfalls mit menschlichen Speisen ernähren (→ Seite 77).

Der Vibrationssinn

Die Erschütterungszentrale des Wellensittichs sitzt in seinen Beinen. Wie ein Seismograph registriert der Vibrationssinn jede Bewegung des Bodens oder der Unterlage. Dem sensiblen Sinn sollte der Käfig unbedingt Rechnung tragen: Steht die Vogelwohnung nicht erschütterungsfrei, können seine Bewohner leicht in Panik geraten. Stellen Sie also den Käfig nie, nicht mal für wenige Minuten beispielsweise auf den vibrierenden Kühlschrank.

Lebensweise

So leben Wellensittiche

Wellensittiche sind Schwarmvögel. Im Schwarm bilden sich kleine Gruppen oder Paare. Haben sich ein Männchen und ein Weibchen gefunden, führen sie eine dauerhafte Einehe. Wer mehrere Vögel hält, kann dies leicht beobachten. Wie zwei Verliebte schnäbeln sie miteinander, kraulen sich gegenseitig das Gefieder und fliegen gemeinsam auf Erkundungstour. Kein Zweifel, sie sind ein Paar. Ziehen sie dann auch noch ihre Kinder gemeinsam erfolgreich auf, bleiben sie ein Leben lang zusammen. Diese »eheliche Treue« hat der Biologe Fritz Trillmich wissenschaftlich untersucht. Selbst nach einer 70-tägigen Trennung schnäbelte das Paar wie eh und je. Während dieser Zeit lebten die Wellensittiche mit gleichgeschlechtlichen Artgenossen zusammen. Trillmich führte viele Kontrollversuche durch. Einer dieser Versuche zeigte auch, dass eine Trennung von 20 Tagen keinen Einfluss auf die Paarbindung hat, obwohl die Partner während der Trennungszeit die Möglichkeit hatten, mit anderen Geschlechtspartnern anzubandeln. Was Trillmich wissenschaftlich herausfand, habe ich bei meinen Vögeln oft beobachtet, und ihre Treue zum Partner hat mich fasziniert.
Eine Geschichte werde ich nie vergessen, und sie rührt mich heute noch. Max und Susi waren ein unzertrennliches Paar in meiner Vogelschar. Eines Tages wurde Susi krank. Sie saß still, mit aufgeplusterten Federn, auf der Stange. Ich griff zu meinem Spezialheilmittel, einer Rotlichtlampe (Wärmelampe), und installierte sie so, dass Susi selbst die Entfernung zum Lichtkegel wählen konnte. Am nächsten Tage traute ich meinen Augen nicht. Max, das Männchen, war eng zu seiner Susi gerückt und hatte »liebevoll« den Flügel um sie gelegt. Eine rührende Szene, die sich wiederholte. Diese enge Partnerbindung hat natürlich praktische Konsequenzen.

Experten in Sachen »Knabbern«

▶ 1 **Der Schnabel** hat für Wellensittiche die gleiche Bedeutung wie für uns die Hände. Mit dem Schnabel wird alles genau untersucht.

▶ 2 **Das Knabbern** an Zweigen und Blättern versorgt den Vogel mit Mineralstoffen, befriedigt den Nagetrieb und er ist stundenlang beschäftigt. Nagematerial müssen Wellensittiche immer zur Verfügung haben.

Ohne triftigen Grund sollte man Pärchen keinesfalls trennen. Ich bin ganz sicher, sie trauern um den Partner. Max und Susi machten mich stutzig, und ich wollte wissen, wie unterschiedlich stark die Bindung unter den einzelnen Pärchen ist. Eineinhalb Jahre wissenschaftlicher Plackerei lagen vor mir. Täglich exaktes Protokollieren der Verhaltens-

> Vögel, die ein Paar bilden, **keinesfalls trennen**. Sie trauern um den Verlust des Partners.

weisen. Das ist ein hartes, manchmal sogar auch ein stumpfsinniges Stück Arbeit.

Ich stellte fest, dass bestimmte Pärchen häufiger zusammensaßen, sich häufiger kraulten und öfter miteinander schnäbelten als andere. Dieses Ergebnis war nicht umwerfend. Überraschend war aber: Paare, die sich außerhalb der Paarungszeit häufiger kraulten und schnäbelten, kopulierten öfter – wohlgemerkt nicht zu Fortpflanzungszwecken. Weniger kraulfreudige Vögel taten dies nie. Einige meiner Wellensittiche sind also »zärtlicher« zueinander. Dies drückt sich auch dadurch aus, dass sie weniger aggressiv miteinander sind. Eine wirkliche Überraschung war aber, dass bei ihnen im Vergleich zu den weniger »liebevollen« die Balz und die Kopulationsakte länger dauerten. Haben die zärtlichen Pärchen womöglich mehr Kinder oder sind die Kinder kräftiger? Eine genaue Analyse ergab: Fehlanzeige. Meine Vögel scheinen Gefühle ohne biologischen Nutzen füreinander zu haben. Wellensittiche gehen also unterschiedlich starke Partnerbindungen ein. Dies untermauert, wie wichtig der Artgenosse für die Piepmätze ist. Nun die Frage: Geht der Wellensittich auch mit dem Menschen eine Bindung ein? Daran zweifle ich keinen Augenblick, aber diese Bindung ist von ganz anderer Natur und Qualität als die zum Artgenossen. Der Mensch ist eine wundervolle Ergänzung für das Tier, aber er kann den Artgenossen nicht ersetzen. Welche Merkmale bestimmen eigentlich die Partnerwahl? Wie Männchen und Weibchen ein Paar werden, ist eine so spannende Geschichte, dass ich ihr in diesem Buch ein eigenes Kapitel gewidmet habe.

Aus der Not wird eine Tugend

Das Schwarmleben der Wellensittiche ist relativ friedlich. Es gibt keine Rangordnung wie man sie von vielen Tierarten kennt. Eine Hackordnung wie auf dem Hühnerhof ist den kleinen Piepmätzen fremd. Und dennoch gibt es unter ihnen kleine Streitereien, vor allen Dingen unter den Weibchen. Der Anlass ist fast immer derselbe: der Kampf ums Futter. Seit über 25 Jahren halte ich Wellensittiche in einer großen Voliere. Die meisten von ihnen sind zahm und zutraulich. Nie habe ich beobachtet, dass sich ein Tier in den Vordergrund drängte oder um meine Gunst buhlte, so wie man es von Hunden und Katzen kennt. Eifersucht scheinen sie nicht zu kennen. Richtig zur Sache geht es nur, wenn die Weibchen auf der Suche nach Bruthöhlen sind. Die Bruthöhle wird blutig verteidigt (→ Eindringlinge im Nistkasten, Seite 132). Aber sonst spielt im Leben der Wellensittiche Aggression keine große Rolle. Das kann mehrere Gründe haben.

Not fördert den Zusammenhalt

Einerseits bilden Wellensittiche kein Revier, sondern ziehen nomadisch von einem Ort zum anderen. Andererseits sind die Lebensbedingungen zu hart. Im Inneren Australiens stehen die Niederschläge in keinem Zusammenhang mit den Jahreszeiten. Es kann hier monatelang – ja sogar jahrelang – nicht regnen. Auf der Suche nach Wasser sterben Tausende dieser kleinen Papageien. Aggressionen führen zu Verletzungen und Krankheiten, was den Bestand noch weiter dezimieren würde.

Nachwuchs füllt den Bestand

Oberstes Prinzip ist es, in guten Zeiten soviel wie möglich Nachwuchs zu zeugen. Für Rangkämpfe bleibt da keine Zeit. Der Trick der Natur ist einfach. Wellensittichmännchen sind sexuell frühreif, wie die Biologin G. Apel-Pohl feststellte. Schon im Alter von drei bis vier Monaten sind ihre Hoden funktionstüchtig. Diesen frühen Zeitpunkt der Hodenentwicklung findet man bei wenigen Vogelarten. Die Jungvögel haben schon mit drei Monaten durchgemausert, das heißt, der erste Federwechsel hat schon stattgefunden. In so jungem Alter sind die Wellensittiche schon voll fortpflanzungsfähig. Die Natur toppt aber die Anpassung noch. Bei den meisten mitteleuropäischen Vogelarten werden die Hoden außerhalb der Brutzeit kleiner und die Produktion der Spermien eingestellt. Der Grund ist einleuchtend: Gewicht sparen ist angesagt. Wie jeder Wellensittichhalter leicht beobachten kann, paaren sich aber unsere kleinen Papageien das ganze Jahr über. Sie können es auch, denn ihr Hoden verliert nicht an Gewicht und die Spermienproduktion wird nicht eingestellt. Groß war die Überraschung, als man beim Wildvogel die Hodengröße prüfte.

In Gebieten Inneraustraliens kommt es darauf an, dass der Vogel sich schnell und häufig fortpflanzt, um zu überleben. Hier änderte sich die Hodengröße nicht. An der Küste oder in Gebieten, wo die Lebensbedingungen leichter sind, schwankte die Hodengröße wie bei unseren einheimischen Vögeln. Der Druck auf die Fortpflanzung scheint hier geringer zu sein. Bleibt die Frage, warum gerade unsere Hauswellensittiche das ganze Jahr über fortpflanzungsfähig sind (→ Nachwuchs im Vogelheim, ab Seite 112). Ich weiß es nicht, und darüber kann man nur spekulieren.

Vogelbeeren mögen Wellensittiche besonders gern. Sie sind eine hervorragende Vitaminquelle, vor allem im Winter.

TYPISCH WELLENSITTICHE

Verhaltensweisen: Schauen Sie genau hin!

Wer die Verhaltensweisen seiner gefiederten Freunde kennt, versteht sie besser. Das Verhalten ist Ausdruck ihrer Gefühlswelt, ihrer Ansprüche und ihrer Intelligenzleistungen.
Wenn Sie das Verhalten Ihrer Schützlinge richtig deuten können, ist das der Schlüssel zu einer besseren Beziehung zwischen Ihnen und Ihren Wellensittichen. Beobachten Sie Ihre Wellensittiche täglich intensiv, dann sind Sie bereits nach kurzer Zeit in der Lage, die Verfassung der kleinen Papageien richtig einzuschätzen.

Was Ihre Wellensittiche Ihnen »sagen« möchten

Wellensittiche verfügen über ein gewisses Lautrepertoire, das ihnen vor allem hilft, das Leben im Schwarm genau zu regeln.
Gesang: Mit melodiösem Vogelgesang haben die Laute und Töne der Wellensittiche wenig gemein. Sie sind weder reich an Variationen noch klingen sie besonders melodisch. Aber sie haben für das Sozialleben eine recht große Bedeutung.
Der Kontaktruf: Mit ihm halten die Vögel untereinander Kontakt. Er hilft den Vögeln die Anwesenheit von Artgenossen zu orten, auch wenn sie diese nicht sehen können. Verpaarte Männchen und Weibchen haben einen gemeinsamen Kontaktruf. Erstaunlicherweise ahmen fast immer die Männchen die Rufe der Weibchen nach. Das macht Sinn, denn wissenschaftliche Untersuchungen haben gezeigt, dass Weibchen viel langsamer die Laute der Männer nachahmen. Unstrittig ist, dass dieser Ruf die Paarbindung unterstützt. Er ist der »Klebstoff« der Wellensittich-Beziehung.
Der Alarmruf: Er lässt sich sehr gut vom Kontaktruf unterscheiden. Der Ruf ertönt kurz und schrill und er alarmiert die Gruppe darüber, dass Gefahr naht. Unsere Heimtier-Wellensittiche stoßen ihn in der Regel dann aus, wenn ein großer Vogel nahe am Fenster zu sehen ist, er über die Außenvoliere fliegt oder irgendein Geräusch sie ängstigt.
Zwitschern: Wenn Ihre Wellensittiche zwitschern, ist das Körpergefieder aufgeplustert und die Augen sind zeitweise geschlossen. Dieser Gesang ist ein Zeichen ihres Wohlbefindens und ertönt häufig in der Dämmerung.
Balzgesang: Während der Balz zwitschern die Männchen ihre Angebetete an. Dieser Gesang gehört zum Balzritual. (→ Seite 118).
Gezeter: Diese ohrenbetäubenden Laute hört man immer wieder im Laufe eines Tages. Dieser Lärm drückt die Aufregung des Vogels aus. Leider erkennen wir oft nicht den Grund dieses lauten Gezeters.

Was uns die Körpersprache der Vögel verrät

Sich Putzen: Da nur ein sauberes Gefieder optimalen Flug garantiert, verbringen die Tiere täglich viel Zeit mit der Gefiederpflege. Im Gegensatz zu den Großpapageien haben Wellensittiche eine Fettdrüse, auch Bürzeldrüse genannt. Dieses Fett macht die Federn geschmeidig und Wasser abweisend. Während der Gefiederpflege reibt der kleine Vogel häufig sein Köpfchen an der Bürzeldrüse und verteilt dann das Fett auf den Federn. Genüsslich zieht er

Körpersprache

▲ *Als Wellensittich muss man schon ganz schön gelenkig sein, um sich ausgiebig zu pflegen.*

jede einzelne Feder durch den Schnabel. Der After, wo sich besonders leicht Schmutz ansammelt, wird durch Kratzen mit den Füßen gesäubert.

Gegenseitiges Kraulen: Dies ist eine Art Massage für die Tiere. Dabei beknabbern die Vögel die Kopfregion des Partners. Dieses Verhalten dient der Bindung zueinander und verrät die zusammengehörenden Pärchen.

Schnäbeln: Zwei Wellensittiche haken ihre Schnäbel in einem rechten Winkel ineinander. Das ist ein Ausdruck von Zärtlichkeit.

Drohen: Durch gespannte Haltung mit glatt anliegendem Gefieder, hochgerecktem Körper und gestreckter Halswirbelsäule sowie durch den gegen ihn gerichteten Kopf wird dem Artgenossen signalisiert: »Nimm dich in acht vor mir«. Unterstrichen wird die Warnung durch einen Drohlaut. Lässt sich der Bedrohte nicht einschüchtern, macht sich der Sittich größer, öffnet den Schnabel und hackt nach dem Widersacher. Meist fliegt der Bedrohte weg. Selten entwickeln sich daraus Kämpfe.

Schlafen: Der Vogel sitzt mit nach unten gedrehtem Kopf auf der Stange, wobei der Schnabel in das Rückengefieder gesteckt wird. Das Gefieder ist aufgeplustert, die Augen sind geschlossen. Häufig wird ein Bein in das Bauchgefieder zurückgezogen. Träumt Ihr Wellensittich womöglich von einem erlebnisreichen Tag mit Ihnen? Vieles spricht dafür. Französische Wissenschaftler fanden heraus, dass manche Vogelarten träumen. Leider haben sie den Wellensittich-Schlaf noch nicht untersucht.

TYPISCH WELLENSITTICHE

Lernen Sie Ihre Vögel kennen

Werden Sie Verhaltensforscher und protokollieren Sie drei Tage lang jeweils für 20 Minuten zu unterschiedlichen Zeiten (2-mal pro Tag) die im Buch angegebenen Verhaltensweisen wie z. B. sich putzen, ruhen oder sich gegenseitig kraulen.

Der Test beginnt:
Fertigen Sie eine Protokollliste an, in der die jeweilige Verhaltensweise aufgeführt ist und in der Sie die Zeitdauer der einzelnen Verhaltensweisen eintragen. Kommt beispielsweise Putzen dreimal in der Beobachtungszeit vor, dann machen Sie drei Striche und geben jeweils die Zeit an. Konzentrieren Sie sich dabei immer auf einen der Sittiche. Diese Arbeit ist für jeden Verhaltensforscher der erste Schritt, ein Tier kennenzulernen.

Mein Testergebnis:

Doch ich bin fast sicher, dass Sittiche träumen. Reißen Sie Ihren Sittich also nicht aus seinen Träumen. Er kann mit Panik darauf reagieren. Vorsicht! Nur kranke Vögel schlafen den ganzen Tag.
Flügeln: Darunter versteht man rasches Auf- und Abwärtsschlagen mit den ausgebreiteten Flügeln, wobei sich der Vogel an der Sitzstange oder dem Käfiggitter mit den Füßen festhält. Junge Sittiche trainieren auf diese Weise ihre Muskulatur. Bei älteren Tieren ist es ein Zeichen mangelnder Flugmöglichkeiten.

Artgenossen sind wichtig

Unsere Hauswellensittiche stammen von den wilden grünen Sittichen des australischen Kontinents ab. Ihr Aussehen hat sich zwar verändert (→ Tabelle, Seite 15), jedoch nicht ihr Sozialverhalten. Sie sind immer noch Schwarmvögel. In ihren Genen steht geschrieben, dass sie den Artgenossen brauchen. Wellensittiche, die als Einzelvogel gehalten werden, interessieren sich weniger für die Umwelt und werden apathisch. Sie leiden häufig unter Langeweile, denn auch der Mensch wird sich nicht Tag und Nacht mit seinem Wellensittich beschäftigen. Der Vogel hat keinen »Ansprechpartner«, mit dem er sich in seiner arteigenen Sprache unterhalten kann. Manche Tiere entwickeln Verhaltensstörungen (Kann auch ein Einzelvogel glücklich sein? Seite 128). Doch die meisten Vögel vegetieren dahin und liegen eines Tages tot im Käfig.

Durch ihren Gesang spornen sich die Vögel gegenseitig an. Ihr Gezwitscher wirkt sich, wie man heute weiß, positiv auf ihren Hormonhaushalt aus. Die Körperabwehr und das Wohlbefinden werden gesteigert.
Und welche Rolle spielt der Mensch für die Wellensittiche? Kein Zweifel, der Mensch ist wichtig für den kleinen Piepmatz. Unbestritten ist auch, dass Mensch und Vogel eine tiefe Bindung aufbauen können. Aber der tierische Freund ist kein Ersatz für das komplizierte menschliche Beziehungsgeflecht. Menschen brauchen Menschen. Daran zweifelt kaum jemand. Erstaunlich, dass man Tieren dieses Grundbedürfnis abspricht. Tatsache ist jedoch: Wellensittiche brauchen Wellensittiche.
Jede andere Form der Haltung dieser kleinen Papageien ist nicht artgerecht. Wenn Sie Ihre Vögel z. B. im Zoofachgeschäft, beim Züchter oder im Tierheim auswählen, achten Sie darauf, ob sich bereits Paare zusammengefunden haben. Trennen Sie die Vögel dann nicht, sondern nehmen Sie gleich beide mit nach Hause.

Wer passt zu wem?

Pärchenhaltung: In der Regel verstehen sich die Partner gut, und ein Pärchen mit den typischen Verhaltensweisen zu beobachten macht Spaß. Der Nachwuchs ist kein Problem, solange sie keine Bruthöhle haben (→ Seite 116).
Weibchenhaltung: Davon rate ich ab, weil Weibchen sich oft nicht verstehen und untereinander aggressiv sind.
Männchenhaltung: Die Männchen verstehen sich meist ganz gut und es kommt selten zu Streitereien. Aber leider fehlt ihnen das »schöne Geschlecht«, mit dem sie kommunizieren können. Männchen sind nun mal Männchen. Nicht selten passiert es, dass diese Tiere homosexuell werden.

Ordnung muss sein: die Systematik

Der Schwede Carl von Linné hat schon vor etwa 300 Jahren auf seinen zahlreichen Entdeckungsreisen erkannt, wie wichtig ein Ordnungsprinzip bei der Fülle von Pflanzen und Tieren ist.

Fliegen, das ist die große Kunst des Wellensittichs. Gewähren Sie Ihren Vögeln so viel Freiflug wie möglich.
▼

TYPISCH WELLENSITTICHE

Ihm ist es zu verdanken, dass es unter den Wissenschaftlern der ganzen Welt keine Missverständnisse bei der Namenszuordnung gibt. Für alle ist klar: *Melopsittacus undulatus* ist der Wellensittich. Ob Chinese, Amerikaner oder Deutscher – alle akzeptieren dieses Ordnungsprinzip. Diese Ordnung ist aber nicht ein vom Menschen willkürlich geschaffenes Produkt, sondern sie geht davon aus, dass kompliziert gebaute Lebewesen im Laufe ihrer stammesgeschichtlichen Entwicklung aus einfacher gebauten Wesen entstanden sind. Das Ordnungssystem basiert also auf der natürlichen Verwandtschaft der Tiere. Der zoologische Steckbrief lautet:
Klasse: *Aves* (Vögel)
Ordnung: *Psittaciformes* (Handfüßler)
Familie: *Psittacidae* (Papageien)
Gattung: *Melopsittacus* (Singender Papagei)
Art: *Melopsittacus undulatus* (Wellensittich)

Ein Schwarm wild lebender Wellensittiche in ihrer australischen Heimat. Endlich haben sie eine Wasserstelle gefunden.

Beliebte Farbschläge

Wellensittiche gibt es in zahlreichen Farbschlägen. Im Grunde gehen sie alle auf Vögel mit grünem und blauem Gefieder zurück. Sie sind die Väter und Mütter unserer bunten Vogelschar. Wer die Wahl hat, hat die Qual, kann ich da nur sagen.

WER SEINEN Wellensittich auf den Laufsteg schickt, um seine Schönheit prämieren zu lassen, muss viele Regeln und Richtlinien beachten. So einfach wird man nicht zum schönsten Vogel gekürt.

Schönheitswettbewerb

Der Vogelhalter muss seinen Sittich z. B. lehren, wie er im Schaukäfig zu sitzen und sich zu verhalten hat. Wie der Vogel sich präsentiert, geht in die Bewertung ein und noch vieles mehr. Die Engländer waren die ersten, die die kleinen Piepmätze zum Schönheitswettbewerb schickten. Heute existieren weltweit viele Wellensittich-Züchter-Vereinigungen. In Deutschland gibt es den DSV (Deutsche Standard-Wellensittich-Züchter-Vereinigung e.V.). Sie erteilt z. B. Auskunft darüber, welche Zuchtrichtlinien einzuhalten sind. Wie bei Schönheitswettbewerben der Menschen, gibt es auch für Wellensittiche ein internationales Forum. Man will schließlich wissen, wer der schönste Vogel der Welt ist. Die einzelnen Landesverbände haben sich zur WBO (World Budgerigar Organisation) zusammengeschlossen. Sie hat im Jahr 2003 die Wellensittich-Grundfarben nach der Farbtabelle auf Pantone Basis festgelegt. Diese Farbtabelle hilft jeder Jury, die Farben zuzuordnen. Hier nur einige von vielen Merkmalen, die bewertet werden: Die Körperlänge vom Scheitel bis zur Spitze muss mindestens 21,6 cm betragen. Länger ist erlaubt, kürzer nicht. Der Kopf ist groß, rund und breit, symmetrisch von jedem Blickpunkt aus betrachtet. Die Flügel müssen exakt über dem Bürzel liegen, die Enden dürfen sich nicht kreuzen. Die Länge vom Bug bis zum äußersten Ende der Handschwinge soll 9,5 cm betragen. Der Vogel muss gesund und sauber sein und alle Federn besitzen. Das Bild von Körperform, Kopf, Maske, Flügel und Schnabel muss harmonisch sein. Keine Frage, Schönheit hat auch bei Wellensittichen ihren Preis, bleibt nur die Frage, ob sie ihren Preis wert ist.

> **TIPP**
>
> ### Standard-Wellensittiche
>
> Inzwischen werden Wellensittiche in etwa 100 verschiedenen Farbschlägen angeboten. Auf den Vogelschauen sieht man Standard-Wellensittiche, die deutlich größer sind als normale Wellensittiche. Diese Prachtexemplare können jedoch gesundheitliche Nachteile haben (→ Seite 55).

TYPISCH WELLENSITTICHE

Rasseporträts
auf einen Blick

◀ **Hellflügel Gelbgesicht Opalin**
Die Flügel der Hellflügel-Wellensittiche dürfen nur eine sehr schwache Wellenzeichnung haben. Die ersten Hellflügel traten um 1930 in Australien auf. Später kamen sie dann über Großbritannien nach Deutschland.

Prachtexemplare ▶
Links, Opalin Spangle Blau, rechts ein Regenbogen-Wellensittich. Das Gefieder der »rainbows«, wie sie auch genannt werden, hat ineinander verlaufende Farben.

Rasseporträts

Zimt Opalin Dunkelgrün
Die Federn der Zimter sind weicher und feiner als bei anderen Wellensittichen.

Zimt Opalin Dunkelgrün
Diese Wellensittiche haben statt einer schwarzen, eine braune Zeichnung. Verantwortlich dafür ist eine andere Melaninverteilung im Gefieder. Es gibt sie in allen normalen Farben und bei den Opalinen.

Rezessive Schecke Gelbgesicht Mauve
Rezessive Schecken haben eine willkürlich am Körper verteilte Zeichnung. Das betrifft die Körperfarbe und die Wellenzeichnung. Die Augen der rezessiven Schecken bleiben auch nach der Geschlechtsreife schwarz – also ohne Irisring.

Rezessive Schecke Gelbgesicht Mauve
Wegen ihrer Zeichnungen werden sie auch »Harlekin« oder aufgrund ihrer Herkunft »Dänische Schecken« genannt.

TYPISCH WELLENSITTICHE

▲
Dunkelblau
Diese blaue Variante eines »normalen« Wellensittichs hat die gleiche Gefiederzeichnung wie die Wildform.

Falbe Dunkelblau
Sehr hübsch sieht dieser Wellensittich mit seinen kräftigen Wangenflecken aus. Falben traten bereits um 1930 bei deutschen Züchtern auf.

▼

Weiß Dunkelblau und Graugelb Weiß ▶
Ein zartes blaues Gefiederkleid zeichnet den Farbschlag Weiß Dunkelblau aus. Beim Graugelben Wellensittich ist die Wellenzeichnung leicht grau, statt schwarz. Die Grundfarbe des Körpers und der Unterseite ist gegenüber den »normalen« Wellensittichen stark aufgehellt.

Rasseporträts

▲
Graugrün
Eine weitere Zuchtvariante, die dem geforderten Standard vollkommen entspricht, wie übrigens alle auf diesen Porträtseiten.

▲
Hellgrüner Wellensittich
Zur sogenannten »Grünreihe« in der Wellensittich-Zucht gehören die Farben Hellgrün, Dunkelgrün, Olivgrün, Graugrün und Lutino.

Hellflügel Olivgrün ▶
Die Wangenflecken sind bei dieser Zuchtform tief violett. Dieses hübsche Männchen lässt sich die frischen, saftigen Blätter schmecken.

▲
Hellflügel Olivgrün
Bei den Hellflügeln dürfen die Flügel nur noch eine »verschwommene« Wellenzeichnung aufweisen.

TYPISCH WELLENSITTICHE

◀ **Rezessive Schecke Olivgrün**
Die Wachshaut des Hahnes färbt sich bei den rezessiven Schecken nicht vollständig blau aus, sondern bleibt rosa. Deshalb kann man einen Hahn leicht mit einer Henne verwechseln.

▲ **Rezessive Schecke Olivgrün**
Eine ansprechende Form der über 100 verschiedenen Farbschläge des Wellensittichs.

▲ **Opalin Violettfarben**
Eine wunderschöne »satte« Gefiederfarbe zeichnet diese Zuchtform aus. Opaline haben einen fast zeichnungsfreien Hinterkopf und Nacken und gar keine oder fast keine Wellen mehr auf dem Rücken.

▲ **Opalin Violettfarben**
Eine hübsche Kopfstudie. Das dichte Gefieder zeigt einen Wellensittich in gesundheitlicher Topform.

Rasseporträts

Zimt Hellgrün ▶

Im Gegensatz zu den meisten anderen Mutationen haben Zimt-Wellensittiche eine braune Wellenzeichnung. Außerdem hellt das Zimt meist die Grundfarbe auf.

Grauer Wellensittich

Er hat die Grundfarbe Grau mit der typischen Wellensittich-Zeichnung. Die Wangenflecken sind bei dieser Mutation grau und die langen Schwanzfedern schwarz.

Zimt Hellgrün

Deutlich sind hier die sechs braunen Kehltupfen zu sehen. Die Nasenhaut (Wachshaut) ist beim Männchen blau, beim Weibchen beige bis braun.

Wie Wellensittiche leben möchten

Auch als Heimtiere können Wellensittiche ein schönes Leben führen – vorausgesetzt, Sie setzen sich mit den Bedürfnissen Ihrer gefiederten Hausgenossen auseinander.

Eine »Wohnung« zum Wohlfühlen

Eine geräumige, schön und zweckmäßig eingerichtete Wohnung, das ist der Wunschtraum jedes Menschen. Bei Ihren Wellensittichen ist der Anspruch kein anderer. Nur können wir diesen Anspruch unseren gefiederten Freunden meist viel einfacher erfüllen.

KEINE FRAGE – das Wichtigste für die kleinen australischen Papageien sind Artgenossen. Das gilt sowohl für ihr Leben in der Natur als auch für ihre Haltung als Heimtiere. Doch auch ein geräumiger Käfig und der tägliche Freiflug mit Entdeckungstouren tragen entscheidend zu ihrem Wohlbefinden bei.

Viel Platz im gemütlichen Wellensittich-Heim

Das »Wohlfühl-Feeling« Ihrer Wellensittiche hängt natürlich von vielen Dingen wie Artgenossen, gesunder Ernährung und Hygiene ab. Aber entscheidend sind auch Käfiggröße und Ausstattung des Wellensittich-Heims. Die kleinen Papageien machen uns dabei durch ihr Verhalten meist unmissverständlich klar, ob sie mit ihrer »Wohnung« einverstanden sind oder nicht. Ihr Protest gegen einen viel zu kleinen Käfig drückt sich dabei allerdings nicht in Gezeter aus, sondern vor allem in Apathie. Gelangweilt sitzen sie auf der Sitzstange und geben kaum einen Ton von sich. Viele Menschen glauben, dass kleine Vögel auch nur kleine Käfige brauchen. Diese Annahme ist jedoch – wie Sie sich denken können – völlig falsch!

Aras und Graupapageien, die großen Vettern der Wellensittiche, fliegen viel weniger als die flinken Kraftpakete des australischen Kontinents. Das heißt allerdings nicht, dass man Groß Papageien in kleinen Käfigen unterbringen darf. Auch sie brauchen viel Platz! Erfüllt der Käfig jedoch bestimmte Normen für die Wellensittiche, dann ist ein wichtiger Grundstein für ihr Wohlergehen gelegt. Glücklicherweise gibt es heute gute und praktische Empfehlungen für das richtige Vogelheim, die wissenschaftlich getestet und in der Praxis ausgelotet wurden. Wichtig ist nur, dass Sie das Richtige auswählen.

Das macht Spaß: Den Zimmerbrunnen aus Lavastein nutzt dieser Wellensittich zum Trinken und zum »Planschen«.

Der richtige Platz für das Wellensittich-Heim

Wellensittiche lieben es gesellig, daher kann der Käfig durchaus im Zentrum des Familiengeschehens stehen. Die Gespräche und das »Tratschen« der Menschen hören sie gern, vielleicht erinnert es sie an ihr eigenes Geplapper. Die Küche ist jedoch der falsche Standort. Hier sind die Piepmätze im Käfig und während des Freiflugs im Zimmer zu vielen Gefahrenquellen ausgesetzt, wie etwa heißen Herdplatten, Essensdünsten, Töpfen mit heißem Inhalt, gekippten Fenstern, leeren Gefäßen zum Hineinrutschen oder offenen Schranktüren. Kurzum, wer Wellensittiche in der Küche hält, muss höllisch aufpassen, dass ihnen nichts zustößt.

Besser ist in jedem Fall ein Wohnraum, in dem sich die Familie öfter versammelt und der durch natürliches Sonnenlicht erleuchtet ist. Im Sonnenlicht sind die ultravioletten Strahlen enthalten, die für den Knochenbau wichtig sind. Welche Bedeutung hell erleuchtete Räume für das Wohlbefinden der kleinen Papageien haben, demonstrierte Sandra Zipp von der Universität Bern in ihrer Doktorarbeit auf eindrucksvolle Weise. Sie ließ die Vögel zwischen helleren und dunkleren Räumen wählen. Das Ergebnis war eindeutig: Die Wellensittiche entschieden sich für die Helligkeit. Nicht eindeutig war ihre Antwort auf Neonlicht, das mit unterschiedlicher Frequenz (100 Hz und 42 kHz) flackerte. Unser Auge kann dieses Flackern im Gegensatz zum Wellensittichauge nicht wahrnehmen (→ Seite 15). Doch das Neonlicht scheint die Piepmätze nicht zu stören. Die Angst vieler Züchter, dass Neonlicht ihren Vögel nicht gut tut, scheint unbegründet zu sein.

Erhöhter Standort: Der Vogelkäfig sollte nicht auf dem Fußboden stehen, sondern in Augenhöhe eines Erwachsenen auf einem nicht zu hohen Schrank, einem Wandbord oder einem speziellen Ständer für Vogelkäfige seinen festen Platz finden. Wellensittiche bevorzugen in der Natur hoch liegende Ruhe- und Schlafplätze als Schutz vor Feinden. In Bodennähe fürchten sie sich. Am besten stellen Sie den Käfig in eine helle Ecke, von der aus die Vögel ihre Umgebung und das Geschehen im Raum überblicken können. Die Fensterbank ist kein idealer Platz. Sie ist zu niedrig und im Winter entweder zu kalt oder im Sommer zu warm. Im Sommer besteht hier vor allem die Gefahr des Hitzschlages (→ Seite 44).

◀ Weiche Landung. Golliwoog ist eine Futterpflanze, die Sie im Zoofachhandel kaufen können. Viele Wellensittiche sind von diesem leckeren Grünfutter begeistert.

Der richtige Platz für das Wellensittich-Heim

Frei von Erschütterungen: Der Standplatz muss außerdem erschütterungsfrei sein. Kühlschrank, Wasch- und Geschirrspülmaschine scheiden also dafür in jedem Fall aus.

Frei von Zugluft: Sie ist Gift für Wellensittiche. Obwohl die Vögel große Temperaturschwankungen ertragen, reagieren sie empfindlich auf Zugluft. Mit einer Kerzenflamme können Sie prüfen, ob es zieht. Die Flamme flackert schon, wenn wir den Luftzug noch gar nicht spüren.

Andere Heimtiere: Der Käfig sollte immer außer Reichweite anderer Heimtiere stehen. Vögel gehören zur Palette der Beutetiere von Katzen. Deshalb stellen die samtpfötigen Jäger immer eine Gefahr für Ihre Sittiche dar. Ich würde für keine Katze meine Hand ins Feuer legen. Vielleicht geht eines Tages doch ihr Jagdtrieb mit ihr durch, und sie schnappt zu. Andererseits habe ich auch schon gesehen, wie beide Tierarten friedlich in einem Raum miteinander lebten. Aber davon rate ich dennoch lieber grundsätzlich ab. Und wie steht es mit Hunden? Gut erzogene Hunde und Rassen mit einem starken Hütetrieb sind in der Regel nicht so gefährlich für Wellensittiche wie Katzen. Der Käfig sollte aber dennoch nicht in Reichweite der Hundeschnauze stehen, sonst geraten die kleinen Papageien unter starken Stress.

Käfig-Standort wechseln: Vielleicht schütteln eingefleischte Wellensittichfans im ersten Augenblick den Kopf über diesen Vorschlag: Wechseln Sie nach der Eingewöhnung der Vögel hin und wieder den Käfigstandort im Zimmer. So sehen die Vögel das Zimmer von verschiedener Warte aus. Ein gelegentlicher »Sichtwechsel« wirkt nicht nur aufregend, sondern anregend.

> **CHECKLISTE**
>
> ### Gefahren beim Freiflug
>
> Wenn die Wellensittiche im Zimmer ihre Flugrunden drehen, müssen Sie einige Gefahrenquellen beseitigen.
>
> ○ Offene Fenster mit Fliegengitter absichern.
>
> ○ Große, unbedeckte Fensterscheiben mit Gardinen oder Rollos versehen.
>
> ○ Herdplatten abschalten und abdecken.
>
> ○ Spitze und scharfe Gegenstände nicht im Vogelzimmer herumliegen lassen.
>
> ○ Keine hohen Gefäße mit Wasser herumstehen lassen.
>
> ○ Alle Schlitze und Spalten z. B. hinter Bücherregalen abdichten oder ausreichend erweitern.
>
> ○ Stromführende Kabel hinter Leisten oder unter den Teppich verlegen.
>
> ○ Darauf achten, dass kein Vogel auf der Tür oder in einer Schublade sitzt, die Sie schließen wollen.
>
> ○ Alkohol, Bleistiftminen, Pflanzendünger, Putzmittel, starke Gewürze wegräumen.
>
> ○ Wenn der Vogel Zugang zum Badezimmer hat, Toilettendeckel schließen.
>
> ○ Kein Insektenspray im Vogelzimmer verwenden.

WIE WELLENSITTICHE LEBEN MÖCHTEN

Auch in der Natur sind Tiere den vielfältigsten Umweltreizen ausgesetzt. Wie anders und vor allem langweilig muss die Welt den Tieren vorkommen, die ausschließlich in der Wohnung leben. Es kann nur gut für die Psyche der Vögel sein, wenn sie die Wohnung auch im Käfig einmal von anderer Warte aus sehen. Langeweile ist Gift für die Psyche von Heimtieren. Auch Wellensittiche machen da keine Ausnahme. Sie brauchen viel Abwechslung.

Das Basisheim

Je größer der Käfig, desto besser, lautet die Maxime. Für Wellensittiche ist der größte Käfig gerade gut genug. Aber kein Käfig kann groß genug sein, um das angeborene Flugbedürfnis der Vögel voll zu befriedigen, daher ist ein täglicher Freiflug im Zimmer oder in einer Voliere ein unbedingtes Muss (→ Seite 46). Das gilt umso mehr, wenn die Vögel in einem kleinen Käfig leben.

So könnte ein schönes Vogelheim für zwei Wellensittiche aussehen.
▼

Käfiggröße: Die Mindestmaße einer Wellensittich-Wohnung für zwei Vögel sollten 70 cm Länge, 40 cm Breite und 50 cm Höhe betragen. Meine Empfehlung: Nehmen Sie gleich den größeren mit den Maßen 1 m Länge, 50 cm Breite und 80 cm Höhe. Ideal sind Käfige mit aufklappbarem Gitterdach, in deren Öffnung man eine Sitzstange klemmen kann. Für die Vögel wird der Ausstieg aus dem Käfig dadurch wesentlich leichter und angstfreier. Unbewusst klettern sie auf ihren Erkundungstouren auch auf die Sitzstange über ihnen und erspähen den Raum ohne Gitter. Das gibt Selbstvertrauen und ermuntert zum Freiflug im Zimmer.

Käfiggitter: Wellensittiche mögen Käfige mit waagerechten statt senkrecht verlaufenden Gitterstäben. Nur hier können sie hochklettern. Daher sollte der Käfig an mindestens zwei Seiten Längsgitter haben. Die Gitterdrähte des Vogelheims sollten verchromt oder aus Messing bestehen. Kunststoff-Beschichtungen halten dem Wellensittich nicht lange stand. Achten Sie auf den Gitterabstand, der nicht größer als 12 mm sein darf, denn die geschickten Kleinpapageien zwängen sich durch einen breiteren Gitterabstand ohne viel Mühe aus dem Käfig.

Käfigtür: Ganz wichtig ist, wie sich die Käfigtür öffnet. Sie sollte nach vorne geklappt werden können. So eignet sie sich zugleich als ideale Abflugrampe und Landebahn beim An- und Abflug. Sinnvoll ist auch eine zweite Tür im Käfigdach, vorausgesetzt. Sie haben keinen Käfig mit abnehmbaren Dach. Für Reinigungsarbeiten im Käfig ist eine zweite Tür von Nutzen.

Bodenwanne: Die handelsüblichen Käfige haben Bodenwannen aus Kunst-

stoff und sind leicht zu reinigen. Das ist für die Hygiene im Vogelheim äußerst wichtig (→ Seite 83).
Hinweis: Von Käfigen mit Bodengitter rate ich grundsätzlich ab, weil der Vogel so an seinem angeborenen Bedürfnis, nach Herzenslust auf dem Boden zu picken, gehindert wird. Das Picken ist jedoch ein wesentlicher Bestandteil im Verhaltensrepertoire der Wellensittiche. Außerdem bleibt der Kot im Bodenrost hängen und erschwert damit die Reinigungsarbeiten im Käfig.

gen meist aus Kunststoff oder Hartholz. Ersetzen Sie einige Stangen durch Naturzweige. Zweige von ungespritzten Obstbäumen, Birke und Holunder sind dafür geeignet. Wichtig: Die Sitzstangen sollten so dick sein, dass sich die Krallen beim Umgreifen nur selten berühren. Naturzweige haben entscheidende Vorteile: Die Vögel knabbern leidenschaftlich gern daran, und bei Ästen mit ver-

> **WUSSTEN SIE SCHON, DASS …**

… die Vögel sehr schnell fliegen können?

In der Natur erreichen Wellensittiche eine Fluggeschwindigkeit von bis zu 120 km/h. Am ökonomischsten in Bezug auf den Energieverbrauch sind lange, gerade Flüge mit einer durchschnittlichen Geschwindigkeit von 42 km/h. Müssen sie aufgrund der Windverhältnisse auf und ab, also wellenförmig, fliegen, beträgt die Fluggeschwindigkeit ca. 27 km/h. Wellensittiche gewinnen ihre Energie hauptsächlich aus dem Fettstoffwechsel.

Zweckmäßige Einrichtung

Wir Menschen lassen uns bei der Einrichtung unserer Wohnung durch den persönlichen Geschmack leiten. Ob Tiere ebenfalls ein ästhetisches Empfinden haben, weiß ich nicht, aber ich glaube es nicht. Weil wir es nicht besser wissen, sollte die Ausstattung eines Käfigs für Wellensittiche deshalb am besten nach biologischen Gesichtspunkten erfolgen.
Sitzstangen: Zur Grundausstattung eines neuen Käfigs gehören Sitzstangen. Sie bestehen bei handelsüblichen Käfi-

schiedenem Durchmeser sind sie gezwungen, die Greifhaltung ihrer Füße zu verändern. Das schützt ihre Fußunterseite vor Druckstellen mit nachfolgenden sehr schmerzhaften Entzündungen. Ein weiterer wichtiger Vorteil der Naturzweige ist, dass die Krallen auf natürliche Weise abgenutzt werden und das stressige Krallenschneiden für Sie als Wellensittich-Halter meist entfällt. Ganz nebenbei wird die Muskulatur von Beinen und Füßen trainiert.
Vogelsand: Handelsüblicher Vogelsand ist meist mit Mineralien und z. B. mit

Muschelgrit oder Muschelkalk angereichert. Beides brauchen die Vögel für den Knochenaufbau. Außerdem bindet der Vogelsand Kot und Urin. Geben Sie eine drei bis vier Zentimeter hohe Schicht Vogelsand auf die Bodenschale.

Futter- und Trinkgefäße: Wenn es die Größe ihres Käfigs erlaubt, bieten Sie ihren Vögeln sowohl einen Futterspender als auch eine flache Keramikschale aus dem Zoofachhandel an. Das klingt nach unnötiger Arbeit, ist aber für die Vögel ein wirklicher Gewinn. Die flache Schale hat den Vorteil, dass der Vogel gut zwischen den einzelnen Körnersorten auswählen kann. Der Wellensittich bevorzugt nämlich an manchen Tagen bestimmte Körner. Wie wir Menschen haben auch die Vögel zu unterschiedlichen Zeiten verschiedene Bedürfnisse. In der Futterschale werden die Körner zudem nicht so stark von leeren Samenhülsen bedeckt. Der Futterspender dient mehr der Sicherheit, dass immer genügend sauberes Futter vorhanden ist, und versorgt die Tiere für ein oder zwei Tage, wenn Sie einmal nicht da sind. Der Zoofachhandel bietet empfehlenswerte Wasserspender aus Plastik an, die außen am Käfiggitter angebracht werden und deren Öffnung ins Käfiginnere ragt. Vorsicht, manche Vögel brauchen lange, bis sie gelernt haben, daraus zu trinken. Bis dahin stellen Sie am besten zusätzlich eine Wasserschale aus Steingut oder Keramik in den Käfig. Weiß der Vogel, wie er aus dem Wasserspender trinkt, können Sie die Schale entfernen.

Schnabelwetzstein: Er versorgt die Vögel mit Kalk und dient auch als Wetzstein für den Schnabel. Wichtig ist aber diese extra Kalkgabe vor allem für erwachsene Wellensittich-Weibchen.

Badehäuschen: Obwohl in der Heimat der Wellensittiche oft über Monate kein Tropfen Regen fällt, planschen fast alle mit Wonne in ihrer eigenen Badewanne. Daher ist ein Badehäuschen ein nützliches Zubehör. Kaufen Sie am besten ein überdachtes Badehäuschen aus Kunststoff, das in die geöffnete Käfigtür gehängt wird. Achten Sie darauf, dass der Boden gerillt ist, damit sich der Vogel ohne auszurutschen darin bewegen kann. Am leichtesten gewöhnen Sie den Vogel an seine neue Badewanne, indem Sie nasse Blätter (Spinat, Löwenzahn oder Salat) in die Wanne legen, durch die er dann hindurchschlüpft und dabei sein Gefieder befeuchtet. Später füllen Sie lauwarmes Wasser – einige Zentimeter hoch – in die Badewanne. Als Badewanne kann aber auch ein Blumentopfuntersetzer aus Steingut oder Keramik dienen.

Spielen großgeschrieben

Beschäftigung ist wichtig. Das heißt aber nicht, dass man den Käfig mit Spielsachen überfrachten sollte. Weniger ist mehr, wenn es sich um das richtige Spielzeug handelt. Wellensittiche spielen gern. Mit einfachen Mitteln können Sie den Spieltrieb Ihrer Piepmätze fördern. Beliebt und kostengünstig sind Zweige und Äste. Sie haben den Vorteil, dass sie nach der Abnützung ersetzt werden können und dann jedes Mal eine neue Attraktion für den Vogel darstellen. Wellensittiche schaukeln gerne, daher empfehle ich, zwei Schaukeln aus Holz in den Käfig zu hängen. Zwei sind besser als eine, um Streitigkeiten unter den Vögeln zu vermeiden.

Grundausstattung
auf einen Blick

Futter- und Trinknapf ▶

Ein Futter- und ein Trinknapf stellen für Sittiche die natürliche Art da, wie sie Futter und Wasser aufnehmen. Futter- und Wasserspender sind nur sinnvoll, wenn sie gut gereinigt werden.

◀ **Schnabelwetzstein**

Ein Schnabelwetzstein und frische Kost sorgen zusätzlich für das körperliche Wohlbefinden Ihrer Sittiche. Bieten Sie Frischfutter in einem eigenen Napf oder aber als Teil eines Beschäftigungsprogramms an (→ ab Seite 96).

Sand und Wasser ▶

Vogelsand auf dem Käfigboden ist wichtig für die Hygiene. Er bindet unter anderem Flüssigkeit im Kot. Täglich frisches Wasser muss einem Wellensittich immer zur Verfügung stehen.

WIE WELLENSITTICHE LEBEN MÖCHTEN

Empfehlenswerte Beschäftigungsgegenstände sind auch kleine Holzleitern und ein Plastikbällchen mit Glöckchen. Im Zoofachhandel werden inzwischen witzige und vogelgerechte Spielsachen angeboten, die man mit Zweigen und Ästen im Freiflugzimmer kombinieren kann. Beliebt sind auch Spielplätze außerhalb des Käfigs. Es handelt sich dabei um eine Art Tragetablett, auf das mit wenigen Handgriffen eine Sitzstange, eine Leiter und ein Holzring montiert werden. Die »Abenteuerspielplätze« gibt es in verschiedenen Ausführungen zu kaufen. Man kann sie überall im Raum aufstellen und sogar auf dem Käfigdach befestigen.

Hinweis: Wechseln Sie immer wieder die Spielsachen, das heißt, geben Sie für ein bis zwei Wochen das eine, dann das andere Spielzeug in den Käfig. Wenn alle Spielzeuge immer im Käfig hängen werden sie langweilig. Durch den Wechsel bleiben sie interessant.

Wer solch einen Landeplatz im Zimmer zur Verfügung hat, der erregt kein Ärgernis beim Freiflug. Der Kot fällt immer in die Auffangschale.

Bewegung tut gut

Wellensittiche sind ausgezeichnete Flieger. Was könnte man ihnen also Besseres bieten, als ihre Flugkunst zu unterstützen. Eine große Außen-Voliere ist eine Möglichkeit, aber auch der tägliche Freiflug in der Wohnung steigert die Lebensqualität.

WENN SIE sich, nach reiflicher Überlegung, entschließen eine kleine Vogelschar zu halten, empfehle ich Ihnen, eine Voliere im Freien zu bauen. Vorab sollten Sie sich aber über einige Punkte im Klaren sein.

Bitte daran denken!

Wellensittiche das ganze Jahr über im Freien zu halten, erfordert einen recht hohen Arbeitsaufwand und es ist einiges vorher zu bedenken.

Platz: Eine Voliere braucht viel Platz, denn sie muss so groß sein, dass die Wellensittiche darin fliegen können. Schließlich haben die Sittiche ja keinen täglichen Freiflug im Zimmer (→ Seite 46). Dennoch ist eine große Außen-Voliere ein Gewinn für die Wellensittiche. Sie können sich den ganzen Tag ausgiebig darin bewegen und ihr Sozialverhalten ausleben.

Hinweis: Eine Voliere verdient den Namen nur dann, wenn sie es den Vögeln ermöglicht, ihr angeborenes Flugbedürfnis auszuleben. Die meisten, oft fahrbaren Zimmer-Volieren, die im Zoofachhandel angeboten werden, sind für die Außenhaltung zu klein und ersetzen den Freiflug im Zimmer nicht. Aber natürlich sind diese großen Käfige eine wunderbare Unterbringungsmöglichkeit für Wellensittiche, die in der Wohnung leben und auch für den stundenweisen Aufenthalt im Freien. Achten Sie aber darauf, dass die fahrbare Zimmer-Voliere, wenn sie für den stundenweisen Aufenthalt draußen genutzt wird, niemals in der prallen Sonne oder in Zugluft steht.

Standort: Ein halb sonniger, halb schattiger Platz ist am besten für den Volieren-Standort geeignet. Falls dies nicht möglich ist, geben Sie der Sonne den Vorzug. Wellensittiche lieben die Wärme und die Helligkeit. Bei zu großer Hitze kann man leicht Schatten spenden z. B. mit sehr dünnmaschigen Netzen aus dem Zoofachhandel. Aber eine einfachere Lösung tut es auch. Außerdem müssen die Vögel vor Zugluft und starkem Wind geschützt sein. Mein Tipp: Bringen Sie an der Wetterseite eine durchsichtige Kunststoffplatte an der Voliere an.

Temperatur: Die Voliere muss so gebaut sein, dass die Temperatur darin nicht unter sechs Grad fällt. Besser für das Wohlbefinden der Sittiche sind höhere Temperaturen. Meine Studien haben gezeigt, dass die Tiere in einem Temperaturbereich zwischen 12 und 30 Grad am aktivsten sind. Hier schnäbeln sie häufig, fliegen umher und untersuchen neue Gegenstände. Bei niedrigen Temperaturen sitzen sie mit aufgeplusterten

WIE WELLENSITTICHE LEBEN MÖCHTEN

◀ *Eine Voliere zum Wohlfühlen. Sie steht an einer windgeschützten Stelle und bietet genügend Platz und Abwechlung für eine kleine Wellensittichgruppe.*

Federn auf der Stange. Bei dieser Körperhaltung wird nur wenig Wärme abgegeben. In den aufgeplusterten Federn staut sich die Luft, die als Isolator wirkt. Bei Hitze sitzen sie mit ausgestreckten Flügeln auf der Stange und hecheln mit geöffnetem Schnabel.
Zähmung: Viele Vögel zutraulich zu machen ist schwieriger als nur zwei Tiere, weil die Vögel den Kontakt untereinander suchen und nicht die Nähe zum Menschen. Aber mit etwas Geduld und Einfühlungsvermögen schafft man es immer, einige von ihnen handzahm zu bekommen. Von meinen 28 Vögeln ist ungefähr die Hälfte zahm.
Reinigungsarbeiten: Eine kleine Vogelschar macht natürlich viel mehr Dreck als nur zwei Vögel. Selbstverständlich ist auch, dass der Pflegeaufwand höher ist.

Die Außen-Voliere

Eine Voliere sollte für höchstens 10 Wellensittiche mindestens 3 m lang, 1,50 m hoch und 1 m tief sein. Mit etwas Glück finden Sie solche großen Fertig-Volieren im Fachhandel oder im Internet. Viele Zoofachhändler sind in der Lage, Sie gut zu beraten und bestellen Ihnen eine Voliere bei einem Spezialanbieter. Wer es sich zutraut, kann sich natürlich auch selbst eine Voliere bauen.
Marke »Eigenbau«: Ich habe mir eine Voliere nach meinen Wünschen und Möglichkeiten bauen lassen. Sie ist 6 m lang, 4 m hoch und 2,5 m tief. Die Voliere steht an einer warmen Hauswand. Das Volieren-Dach bildet das Hausdach. Die Rahmen bestehen aus Aluminiumverstrebungen (5 x 5 cm Stärke), die untereinander verschraubt sind. Die Aluminiumrahmen haben den Vorteil, dass sie stabil, witterungsfest und leicht zu reinigen sind.
Auf der Innenseite des Rahmens ist das Gitter aufgeschraubt (Maschengröße: 2 x 2 cm), sodass auf der Außenseite eine Art Fenster oder Türrahmen entsteht. Drei Volierenseiten bestehen also aus Maschendraht. Die Eingangstür ist wieder ein Aluminiumrahmen, auf den

auf der Innenseite eine durchsichtige Kunststoffplatte aufgeschraubt ist. Damit die Vögel beim Öffnen der Tür nicht wegfliegen, wurde auf dem Türrahmen ein Vorhang aus Bastkordeln angebracht.

Der Boden ist mit Waschbetonplatten ausgelegt und schließt dicht an den Aluminiumrahmen an, sodass weder Ratten noch andere Tiere in die Voliere eindringen können. Auf die Waschbetonplatten streue ich etwa 1cm dick Vogelsand. Im Winter schließe ich die Gitterrahmen folgendermaßen: Auf die Innen- und Außenseite von Holzrahmen, die passgenau zu den Gitterrahmen sind, wird eine 0,5 cm dicke Kunststofffolie genagelt. Auf diese Weise entsteht ein Luftraum, der der besseren Wärmedämmung dient. Das Holz wird mit ungiftigem und umweltfreundlichem Lack gestrichen. Diese Holzrahmen werden in die Aluminiumrahmen eingefügt und mit Klammern befestigt – fertig sind die »Fenster«. Sie haben den Vorteil, dass sie bei guter Witterung leicht zu entfernen sind. Bei sehr kalten Tagen heize ich die Voliere mit einem kleinen elektrischen Ölradiator mit Thermostat. Die Temperatur fällt nie unter 6 Grad. Es gibt sicherlich bessere Heizungssysteme, aber da ich im Süden von Deutschland, in Freiburg lebe, ist diese Heizung ausreichend. Diese Konstruktion hat sich bewährt, aber es gibt sicherlich zahlreiche Varianten, die genau so gut oder besser sind.

Hinweis: Diese Anleitung ist nur als Vorschlag und Ideenratgeber zu verstehen. Wie auch immer eine Voliere gebaut wird, ein beheiztes Schutzhaus ist unverzichtbar für das Wohlbefinden der Vogelschar. Viele Anregungen für den Volierenbau finden Sie im Internet.

Volieren-Ausstattung

Die Ausstattung einer Voliere entspricht im Wesentlichen der des Käfigs. Futter- und Wasserschalen müssen so aufgestellt werden, dass weder Kot noch Schmutz

Beschäftigung gegen Langeweile

▸ 1 **Kluger Vogel.** Wie kommt man an die Hirse, wenn sie an einer Kordel hängt? Ganz einfach, man muss den Kolben zu sich hochziehen und schon ist die Nahrungsquelle erschlossen.

▸ 2 **Deckel runter.** Mithilfe seines Schnabels schiebt der Wellensittich den Deckel zur Seite und bedient sich dann am Körnerfutter. Wellensittiche sind sehr intelligente Vögel.

WIE WELLENSITTICHE LEBEN MÖCHTEN

hineinfällt. Meinen Vögeln biete ich ihr Futter und Wasser auf einem 20 cm breiten und 1m langen Brett. Das Brett liegt in 1,5 m Höhe auf 2 Winkeln, die ich an das Aluminiumgestell geschraubt habe. Die Reinigung des Brettes ist somit sehr leicht. Ich muss es nur abnehmen und mit Wasser abspritzen. Der Platz des Brettes ist so ausgewählt, dass die Vögel es nicht verschmutzen können. Zwei Sitzstangen habe ich fest vor dem Brett installiert. Sie sind ein Fixpunkt bzw. konstanter Landeplatz. Die festen Sitzstangen geben den Vögeln Sicherheit.

Landeplatz und Knabbermaterial: In meiner Voliere gibt es »Bäume«. Dafür besorge ich mir dicke Äste und Zweige mit Blättern (bis 2,5 m hoch). Ich stelle sie meist senkrecht – so wie ein Baum in der Landschaft – in die Voliere hinein und befestige sie mit Draht oder Schnur am Gitter. Die Äste stehen in Wassereimern, die durch ein feinmaschiges Gitter abgedeckt sind, damit kein Vogel in den Eimer fällt und ertrinkt. Das Wasser hält die Äste länger frisch, zur Freude der Sittiche. Die Zweige dürfen ruhig etwas wackeln und sich bewegen, denn Bäume in der Natur tun dies auch. Wellensittiche lieben es außerordentlich, auf den schwingenden Zweigen zu landen. Das Vergnügen wird noch größer, wenn man die Zweige oder Äste nass in die Voliere gibt. Es ist eine Freude zu sehen, wie die Vögel in den nassen Blättern »baden«. Ungiftige Äste und Zweige sind: Eiche, Erle, Holunder, Kastanie, Linde, Pappel, Obstbäume und Weide. Von diesen Pflanzen weiß ich, dass sie den Vögeln nicht schaden. Bei anderen Pflanzenarten würde ich vorsichtig sein, besonders bei der Eibe. Die Äste werden alle vier bis fünf Wochen erneuert.

Spielzeug: Neues zu erkunden hält die Vögel mental fit. Auch die Vogelschar bekommt hin und wieder Spielzeug (→ Seite 40, 104), aber wie schon gesagt weniger ist in diesem Fall mehr. Verbauen Sie die Voliere nicht, sondern denken Sie daran, dass die Vögel genügend Platz zum Fliegen haben.

Wellensittiche müssen fliegen

Wer seinen Piepmatz den ganzen Tag in einem kleinen Käfig ohne Freiflug hält, kann fast sicher sein, dass der Vogel im Laufe der Zeit Verhaltensstörungen zeigt. Der Schweizer Biologe Kurt Banzer konnte das in seiner Studie nachweisen. Vögel, die nicht frei fliegen durften, flogen auch kaum noch, wenn man ihnen die Käfigtür öffnete. Stattdessen blieben sie auf ihrer Sitzstange hocken und schlugen unaufhörlich mit den Flügeln. Diese Verhaltensstörung nennt man Flügeln. Außer den Verhaltensstörungen traten auch noch Gewichts- und Atemprobleme auf (→ Seite 55).

> **TIPP**
>
> **Ein Vogelzimmer in der Wohnung**
>
> Wer seiner kleinen Vogelschar ein ganzes Zimmer zur Verfügung stellen kann, muss besonders auf eine gute Belüftung achten. Vögel brauchen aufgrund ihres hohen Stoffwechsels viel Sauerstoff. Für den Halter selbst ist ein staubiger Raum oftmals eine Keimzelle für Allergien. Also Vorsicht!

Wellensittiche müssen fliegen

▲
»Ich war zuerst hier.« Kleine Streitereien sind bei Wellensittichen durchaus an der Tagesordnung.

Um zu verdeutlichen, wie sehr Wellensittiche leiden, wenn sie nicht fliegen dürfen, sollten Sie sich Folgendes vorstellen: Sie verbringen Ihr gesamtes Leben ausschließlich in einem kleinen Zimmer. Sie bekommen gutes Essen und hin und wieder eine freundliche Ansprache. Für Nahrung und sozialen Kontakt ist gut und liebevoll gesorgt. Doch ginge es Ihnen dabei tatsächlich gut? Wohl eher nicht. Zum einen würde Ihre Neugierde nicht befriedigt werden, zum anderen würde Ihre körperliche Fitness bei diesem Leben leiden. Ähnlich geht es Ihren Wellensittichen und das geflügelte Wort »ein Leben im goldenen Käfig« trifft den Nagel auf den Kopf. Ich möchte an dieser Stelle keine Zeitangaben machen, wie lange Ihre Wellensittiche täglich frei fliegen sollten. Gönnen Sie Ihren kleinen Papageien das Vergnügen sooft wie möglich.

Bevor Ihre Vögel ihre ersten Flugrunden im Zimmer drehen dürfen, sollten Sie immer daran denken:
- Vor jedem Freiflug Türen und Fenster schließen. Vorsicht bei Kippfenstern: Die Verletzungsgefahr ist groß und wegfliegen können die Vögel auch.
- Große Fensterscheiben für die Vögel sichtbar machen oder die Vorhänge zuziehen.

Natürlich gibt es noch weitere Gefahrenquellen beim Freiflug in der Wohnung, die ich Ihnen in der Checkliste auf Seite 37 zusammengestellt habe.

Für junge Vögel sind die ersten Flugstunden sehr aufregend. Aber keine Angst: Wellensittiche haben ein »helles Köpfchen«. Sie lernen schnell.

Sie lernen schnell und genießen bald jede einzelne Minute des Ausflugs. Je wohler und sicherer sich ein Wellensittich fühlt, desto dreister wird er versuchen, seine Neugierde und seinen Knabbertrieb zu befriedigen. Nichts ist vor seinem Schnabel sicher und bestimmt fällt ihm so manche Zeitschrift oder gar ein Buch zum Opfer. Aber es gibt eine Lösung für dieses Problem. Kanalisieren Sie die Neugierde und den Nagetrieb Ihrer Wellensittiche. Bauen Sie Ihren Lieblingen doch beispielsweise einen Kletterbaum oder einen aufregenden Landeplatz, der an der Zimmerdecke befestigt wird (→ Foto, Seite 42). In der Regel ziehen die Vögel Naturzweige dem Möbelinventar vor.

Der Kletterbaum

Ein Kletterbaum im Zimmer hat nicht nur für die Wellensittiche große Vorteile, sondern auch für Sie. Für die Vögel ist der Baum ein Ort der Geborgenheit. Hier darf man nach Herzenslust nagen und klettern. Die Möbel und das Inventar bleiben vor unliebsamen Nagespuren verschont, und Kotbällchen landen nicht auf dem Zimmerboden. Wie so oft sind die schönsten Dinge einfach zu bauen.

Bauanleitung: Besorgen Sie sich ein ca. 50 cm hohes Gefäß z. B. aus Ton mit etwa 80 cm Durchmesser. Stellen Sie einige kräftige Äste senkrecht in den Topf und beschweren Sie sie mit dicken

Womit spielen Ihre Wellensittiche am liebsten?

Sittiche sind schon von klein auf Individualisten. Jeder von ihnen hat seine Vorlieben für ganz bestimmte Spiele. Der eine schaukelt gern, der andere schiebt lieber ein Bällchen umher, der nächste betätigt sich gern als »Glöckner«.

Der Test beginnt:

Finden Sie zunächst heraus, wann die Vögel in Spiellaune sind. Lassen Sie die Tiere dann unter verschiedenen Spielsachen wählen, z. B. einer Weintraube, die in etwas Wasser in einer kleinen flachen Schüssel schwimmt, einem Gitterbällchen oder rohen Nudeln. Protokollieren Sie, mit welchem Spielzeug der Vogel zu spielen beginnt und wie lange er sich damit beschäftigt. Wiederholen Sie die Versuche mehrere Male.

Mein Testergebnis:

Kletterbaum

Frischkost einmal anders serviert: Vom Tischchen aus Weidengeflecht schmeckt's noch besser.

Steinen. Dann wird Blumenerde aufgefüllt. Um die Konstruktion noch stabiler zu machen, verbinden Sie die Äste mit Querästen. Zum Befestigen der Queräste eignen sich Schnur und Bastfäden. Achten Sie darauf, dass die Queräste nicht über den Gefäßrand hinausragen, damit der Kot auch wirklich auf die Blumenerde fällt. Verwenden Sie zum Bau Äste aus dem Wald oder Garten. Hier können Sie sicher sein, dass die Zweige frei von Abgasen bzw. Insektiziden sind. Tauschen Sie die Äste von Zeit zu Zeit gegen frische aus. Das unterstützt die Neugier und erhöht den Nagespaß.

Standort: Stellen Sie den Kletterbaum möglichst weit vom Käfig entfernt auf, damit Ihre Sittiche zwischen Käfig und Baum hin- und herfliegen müssen, wenn sie essen und trinken wollen. Das hält sie fit. Ideal ist ein heller Platz in Fensternähe, denn dort ist es hell. Besonders empfehlenswert ist es, einen zweiten Kletterbaum zu bauen. Den einen Baum lassen sie an einem festen Platz stehen, den anderen verstellen Sie bisweilen. Die Vögel fliegen wesentlich mehr, weil Sie die Flugrouten im Raum leichter vergrößern und verändern können. Das macht die Wellensittiche neugierig. Ich habe dies bei Freunden gesehen. Der Effekt war beeindruckend. Die Vögel sind putzmunter und ebenso agil wie Vögel in einer großen Voliere. Aber auch der Halter hat einen Gewinn. Die Wellensittiche verlieren noch mehr das Interesse an den Möbeln – an den Möbeln meiner Freunde war jedenfalls von Schnabelspuren nichts zu sehen.

Willkommen zu Hause

Die Entscheidung ist gefallen: Zwei oder mehr Wellensittiche werden neue »Familienmitglieder«. Jetzt ist es wichtig, dass die Vögel von Anfang an Vertrauen zu Ihnen aufbauen.

Kauf und Auswahl der Wellensittiche

Sieht man die niedlichen Piepmätze im Verkaufskäfig, wie sie zärtlich miteinander plappern und schmusen, möchte man am liebsten sofort zugreifen. Doch Vorsicht, solche Spontankäufe können herbe Enttäuschungen in sich bergen. Bereiten Sie den Kauf gut vor.

WELLENSITTICHE gehen sowohl zu Menschen als auch zu Artgenossen eine Bindung ein (→ Seite 24). Unter einem ständigen Wechsel der menschlichen Partner leiden Wellensittiche. Überlegen Sie sich daher gut, ob Sie und Ihre Kinder bereit sind, für 10 bis 12 Jahre, so alt werden Wellensittiche als Heimtiere, die Verantwortung für mindestens zwei Vögel zu übernehmen.

Wo finden Sie Ihre gefiederten Freunde?

Es gibt im Wesentlichen vier Möglichkeiten, wo Sie die Wellensittiche »Ihrer Träume« bekommen: beim Züchter, im Zoofachhandel, im Tierheim oder aus Privathand.

Verantwortungsvolle Züchter

Vertrauen ist gut, Kontrolle ist besser. Das gilt vor allem beim Kauf eines Tieres. Das persönliche Kennenlernen des Züchters ist Pflicht. Meine Erfahrungen waren meist positiv. Der Großteil der Züchter geht liebevoll und professionell mit seinen Vögeln um. Aber wie überall gibt es auch unter diesen schwarze Schafe. Daher einige Tipps: Überzeugen Sie sich, ob er die Vögel nur des Geldes wegen oder aus Freude an den Vögeln hält. Doch wie kann man seine innere Einstellung feststellen? Die Sprache verrät mehr, als man auf den ersten Anschein glauben möchte. Spricht er geringschätzig von seinen Tieren und bezeichnet sie als Sachen, dann lassen Sie die Finger davon. Wird der Verdacht noch durch unsaubere und zu kleine Käfige erhärtet, ist dies ein weiteres Indiz. In einem lockeren Gespräch lässt sich auch ermitteln, ob er biologische Kenntnisse von seinen Schützlingen hat. Ein guter Züchter weiß genau den Zeitpunkt der Geburt der Kleinen und kann Spannendes über

Spielzeug zum Klettern und Schaukeln, wie diese kleine Strickleiter, lieben Wellensittiche über alles.

WILLKOMMEN ZU HAUSE

> **CHECKLISTE**
>
> **Gesunde Wellensittiche**
>
> An einigen Merkmalen kann auch ein Nichtfachmann einschätzen, ob ein Wellensittich gesund oder krank ist:
>
> ○ Der Wellensittich ist munter, putzt sich und hat Kontakt zu Artgenossen.
>
> ○ Das Gefieder ist sauber, glatt und glänzt matt. Schwanz- oder Schwungfedern dürfen nicht fehlen.
>
> ○ Das Brustbein des Vogels ist nach außen gerundet und wirkt nicht eingefallen.
>
> ○ Die Augen sind glänzend, sauber und sondern keine Flüssigkeit ab.
>
> ○ Die Nasenlöcher sind sauber und sondern keine Flüssigkeit ab.
>
> ○ Der Schnabel ist glatt und gut geformt.
>
> ○ Die Wachshaut ist sauber, ohne Anzeichen von Ausfluss oder Borken.
>
> ○ Füße und Zehen sind gerade und sauber. Die Hornschuppen an den Füßen müssen glatt anliegen. Zwei Zehen zeigen nach vorn, zwei nach hinten.
>
> ○ Die Kloake, der After, ist sauber und nicht gerötet.
>
> ○ Die Kotbällchen enthalten einen abgegrenzten weißen Salzanteil der Harnsäure, grünen Kot und wässrigen Urin.

die Eltern und deren Nachwuchs erzählen. Das demonstriert sein Interesse an der Persönlichkeit seiner Schützlinge. Mehr über sein Mitgefühl den Tieren gegenüber verrät, welche Fragen er an Sie stellt. Das spiegelt sein Verantwortungsgefühl wider. Er möchte seine Vögel nur an verantwortungsvolle und tierliebe Menschen abgeben.

In der Zoofachhandlung

Wo immer Sie einen Wellensittich kaufen, ob Züchter oder Zoofachhandel, werfen Sie immer einen kritischen Blick auf die Unterbringung der Vögel. Werden die Tiere dort in genügend großen Käfigen gehalten, leben sie in kleinen Gruppen, haben sie ausreichend Futter und frisches Trinkwasser zur Verfügung? Ist der Käfigboden mit Sand ausgestreut, und gibt es Kalksteine oder Zweige zum Nagen? Fragen Sie den Verkäufer, woher die Tiere stammen. Gut ist es, wenn die Vögel keine zu langen Transportwege überstehen mussten. Leider führen lange Transporte oft zu einem Trauma der Vögel, von dem sie sich nur äußerst langsam erholen. Manchmal werden solche Tiere kaum zahm. Achten Sie darauf, dass Sie keine Inzuchttiere bekommen. Fragen Sie den Händler, ob die Tiere miteinander verwandt sind. Erkundigen Sie sich nach dem Züchter. Zweck dieser Frage ist es zu erfahren, ob es sich um einen Züchter handelt, der die Vögel in Massen produziert. Das muss nicht schlecht sein, aber ich würde kleinere Zuchten bevorzugen. Beobachten Sie den Wellensittich Ihrer Wahl eine Zeitlang aus einigem Abstand, und studieren Sie sein Verhalten. Ist der Vogel aktiv, oder hockt er teilnahmslos in einer Ecke? Beschäftigt er sich mit einem Gegenstand, mit seinen

Artgenossen, frisst und trinkt er, putzt er sich? Ein stiller, schläfriger Vogel könnte dagegen krank sein, muss es aber nicht. Vielleicht hat er nur gerade eine Ruhephase. Sie sollten ihn sich nach einer längeren Pause oder an einem anderen Tag nochmals anschauen.

Schauen Sie im Tierheim vorbei

Sie tun ein gutes Werk, wenn Sie verwaiste Wellensittiche aus dem Tierheim aufnehmen. Dabei tritt häufig ein Problem auf: In der Regel kennt man die Vorgeschichte des Vogels nicht. Vor allem bei Tieren, die schon mehrfach den Besitzer gewechselt haben, sind Verhaltensauffälligkeiten nicht selten. Daher ist es hier besonders wichtig, sich bei der Auswahl der Wellensittiche Zeit zu lassen. Beobachten Sie den oder die Auserwählten genau. Achten Sie darauf, ob sich der Vogel Federn ausreißt. Fällt Ihnen nichts Besonderes auf und sind die Vögel zahm, können Sie bedenkenlos zugreifen.

Wellensittiche von Freunden

Wellensittich-Nachwuchs aus Privathand zu bekommen ist selten. Die meisten Halter scheuen sich, die Zuchtgenehmigung einzuholen (→ rechts) und ihre Haltung durch eine autorisierte Person prüfen zu lassen. Haben Sie allerdings die Möglichkeit, Wellensittich-Nachwuchs von Freunden zu bekommen, dann überlegen Sie nicht lange. Aus meiner Sicht ist das ideal. Sie kennen den Halter und die Einstellung zu seinen Vögeln. Leicht können Sie die Haltungsbedingungen überprüfen und die Tiere in aller Ruhe beobachten. Auch die Vögel profitieren davon. Sie wechseln nur einmal den Besitzer und unnötiger Stress wird so vermieden.

Die Teppichfransen haben es den kleinen Papageien angetan.

Noch ein Wort zur Zuchtgenehmigung

Wellensittiche, die in der Bundesrepublik gehalten werden, müssen nachweislich in Gefangenschaft gezüchtet worden sein. Bis zum Jahr 2012 benötigte jeder, der Wellensittiche züchten wollte, eine Zuchtgenehmigung. Diese Verordnung wurde aufgehoben, eine Genehmigung ist heute nicht mehr nötig.
Fußring: Nach der Geburt werden alle jungen Wellensittiche beringt (→ Seite 128). Auf dem Fußring sind Zahlen- und Buchstabenkombinationen eingeprägt, durch die sich leicht feststellen lässt, woher der Vogel stammt. So kann eventuell auch verhindert werden, dass sich z. B. die Papageienkrankheit weiter ausbreitet (→ Seite 91). Diese Krankheit tritt heute jedoch glücklicherweise nur noch selten auf.

WILLKOMMEN ZU HAUSE

ELTERN-EXTRA

Keine Lust auf Wellensittiche

Unsere beiden Wellensittiche, Paul und Paula, leben erst seit einem halben Jahr bei uns. Aber unsere 12-jährige Tochter hat jetzt schon keine Lust mehr, sich um die Vögel zu kümmern. Am liebsten würde ich die Wellensittiche ins Tierheim bringen.

ERSPAREN SIE DEN VÖGELN vorerst dieses Schicksal, denn die Tiere haben sich bereits an Sie gewöhnt. Versuchen Sie stattdessen, bei Ihrer Tochter das Interesse für die Vögel wieder zu wecken. 12-Jährige haben heutzutage häufig einen vollen Terminplan. In ihrer Freizeit treffen sie sich mit Freunden oder gehen intensiv einem Hobby nach. Angesichts der wöchentlichen Reinigung des Käfigs und der täglichen Versorgung der Wellensitttiche ist die anfängliche Euphorie meist schnell verflogen.

So können Sie Interesse wecken

Appellieren Sie an das Mitgefühl Ihrer Tochter. Erzählen Sie ihr, wie die Vögel darunter leiden, wenn sie aus ihrer gewohnten Umgebung gerissen werden. Versuchen Sie, die Vorstellungskraft Ihrer Tochter mit bildlichen Vergleichen zu unterstützen, z. B. indem Sie ihr vor Augen führen, wie sie sich selbst fühlen würde, wenn sie aus ihrem Zuhause ausziehen müsste. Erzählen Sie Ihrer Tochter etwas Spannendes aus dem Leben der Wellensittiche, beispielsweise wie bunt sie die Welt sehen (→ Seite 16) oder dass Wellensittich-Paare ihr ganzes Leben zusammenbleiben (→ Seite 19). Die Tests, die Sie in jedem Kapitel dieses Ratgebers finden, haben den Sinn, die Wellensittiche noch besser kennenzulernen. Probieren Sie sie zusammen mit Ihrer Tochter aus. Sprechen Sie mit der Biologielehrerin oder dem -lehrer, ob man »Heimtiertage« in den Unterricht einbauen kann und die Kinder von ihren Tieren erzählen dürfen. Vielleicht erlauben Sie auch, dass sich Ihre Tochter im Internet mit anderen Wellensittich-Haltern austauscht. Hier gibt es viele empfehlenswerte Foren (→ Adressen, Seite 141).

Machen Sie einen Plan

Nach meiner Erfahrung ist es hilfreich, zusammen mit dem Kind einen genauen Pflegeplan für die Wellensittiche festzulegen. Er enthält alle täglichen und wöchentlichen Pflegemaßnahmen und wer, wann, was zu tun hat. Kontrollieren Sie aber die Einhaltung des Plans genau, damit es den Vögeln auch wirklich gut geht. Stellen Sie fest, dass Ihre Tochter alles zu Ihrer Zufriedenheit erledigt hat, sollten Sie nicht mit Lob sparen. Ihr Kind kann nun stolz auf sich sein. Das fördert sein Selbstbewusstsein und vielleicht langfristig auch sein Interesse. Erst, wenn keine dieser Anregungen etwas genutzt haben, sollten Sie einen guten Pflegeplatz für Paul und Paula suchen.

Alter beim Kauf

Kaufen Sie junge Vögel im Alter von fünf bis sechs Wochen. Dies ist das beste Alter, um die Sittiche leicht zu zähmen. Das ist aber nur eine Faustregel. Ich habe auch gute Erfahrungen mit älteren Vögeln gemacht, wenn sie artgerecht gehalten wurden. Für den Anfänger sind Jungtiere jedoch geeigneter. Nestjunge Wellensittiche sind folgendermaßen zu erkennen: Ihre Augen sind im Verhältnis zum Kopf sehr groß und einfarbig dunkel, ohne hellen Irisring.

Geschlechtsunterscheidung

Nach abgeschlossener Jugendmauser, so nennt man den ersten Federwechsel, färbt sich die Nasenhaut oberhalb des Schnabels. Bei Hähnen wird sie blau, bei Hennen dagegen braunbeige. Bei den Jungvögeln dagegen haben die männlichen Vögel eine rosafarbene Wachshaut, die weiblichen eine hellblaue mit weißen Ringen um die Nasenlöcher.

Mein Anliegen zu Ihrer Kaufentscheidung

Der züchterische Ehrgeiz des Menschen kennt oft keine Grenzen. Hunde- und Katzenrassen mit extrem verkürzter Schnauze haben Atem- und Herzprobleme, Meerschweinchen mit viel zu langen Haaren leiden unter Hitzestau und Hornhautreizungen. Und es gibt auch übergroße, schwere Wellensittiche. Der Begriff »Qualzucht« ist für solche Zucht-Auswüchse genau richtig. Meist sind überzüchtete Tiere nicht so robust und haben auch eine geringere Lebenserwartung. Ich bin durchaus kein Gegner der Rassezucht, wenn das Wohl der Tiere im Vordergrund steht. Ob Sie sich für einen Rassevogel entscheiden, ist Geschmackssache. Doch übergewichtige und übergroße Wellensittiche lehne ich ab. In der Regel sind die »normalen« die größeren Flugkünstler, sie sind munterer und leben länger. Meine 30-jährige Erfahrung stimmt mit den wissenschaftlichen Ergebnissen überein.

▶ Kinder und Wellensittiche, das passt durchaus zusammen. Allerdings müssen Kinder von den Eltern zum richtigen Umgang mit den Vögeln angeleitet werden.

Sanft eingewöhnen

Wellensittiche reagieren empfindlich auf jede Veränderung ihrer Umwelt. Ein Wechsel vom vertrauten Käfig in ein neues Zuhause und der Verlust der Partner bedeuten Stress pur für sie. Machen Sie den Vögeln die Umstellung so leicht wie möglich.

MAN GLAUBT ES KAUM, aber es ist dennoch wahr: Ihr Verhalten in den ersten Stunden Ihres Zusammenseins mit den neuen Hausgenossen entscheidet darüber, wie die spätere Beziehung der Wellensittiche zu Ihnen sein wird. Deshalb empfehle ich Ihnen, dieses Kapitel sehr sorgfältig zu lesen und die Ratschläge zu beherzigen.

Ihr Einfühlungsvermögen ist gefragt

Wir können uns nur schwer die Anpassungs- und Umstellungsschwierigkeiten der kleinen Piepmätze vorstellen. Es ist immer schwierig, sich in den Kopf eines anderen zu versetzen. Schon beim Menschen haben wir damit Probleme, wie viel mehr dann bei Tieren. Aber mit etwas Nachdenken wird einem dies verständlicher. Für den kleinen, nicht wehrhaften Vogel ist alles, aber auch alles neu. Fremde Geräusche, fremde Menschen, fremde Umgebung, vielleicht auch die Trennung von Artgenossen. Wer bekommt da keine Angst? Stellen Sie sich ein Waisenkind vor, das in ein Heim gebracht wird. Das Kind beginnt Fuß zu fassen – erste zaghafte Freundschaften entstehen. Plötzlich wird das Kind zu liebevollen Pflegeeltern gebracht. Die Reaktion der meisten Kinder auf solch eine Veränderung ist eindeutig: Sie weinen und sind traurig, obwohl die Pflegeeltern alles tun, damit sich das Kind wohlfühlt. Doch was hat diese Geschichte mit dem kleinen Papagei zu tun? Natürlich ist ein Sittich kein Mensch, und seine Gefühle sind vermutlich nicht so tief. Doch auch er empfindet Einsamkeit und Angst. Er wird beim Zoofachhändler oder Züchter aus dem Schwarm gerissen und in eine dunkle Schachtel gesteckt. Das ist ein Schockerlebnis für den kleinen Papagei. Obwohl den Wellensittich ein gut eingerichteter Käfig erwartet, braucht er Zeit, um sich daran zu gewöhnen. Nun ist Ihr Einfühlungsvermögen gefragt.

Gehen Sie mit Geduld und Rücksicht vor, damit Ihr Wellensittich Vertrauen zu Ihnen fasst. Die Zeit, die Sie jetzt investieren, wird sich später auszahlen. Ein handzahmer Vogel macht Ihnen nicht nur viel mehr Freude, sondern auch weniger Arbeit. Es ist z. B. der reinste Stress für Mensch und Tier, einen ungezähmten Vogel in den Käfig zurückzubringen (→ Seite 134). Ihre gefiederten Freunde sollten ihre Umgebung ohne Eile erkunden und erfahren dürfen. Die Vögel bestimmen das Tempo des Eingewöhnungsprozesses. Das heißt aber natürlich nicht, dass Sie in dieser Zeit untätig sind. Sie sollen lediglich keinen Druck auf Ihre Wellensittiche ausüben.

Heimtransport

Wellensittiche sind hervorragende Flieger und müssen deshalb täglich Flugrunden im Zimmer drehen.

Wie Sie die Vögel beim Heimtransport schonen

Im Zoofachhandel werden die Vögel meist einzeln in eine mit Luftschlitzen versehene Pappschachtel gesetzt. Anfangs wird darin gezetert und aufgeregt umhergetrippelt. Doch die Schachtel schirmt gut vor Angst auslösenden Umweltreizen ab, und nach wenigen Minuten haben sich die Vögel an die Box gewöhnt. Legen Sie die Pappschachtel auf keinen Fall in eine luftdichte Plastiktasche, sonst können die Vögel ersticken. Ein Korb oder eine Stofftasche eignen sich besser, aber auch hier muss von oben Luft durch die Luftschlitze strömen können. Fahren Sie direkt nach dem Kauf der Wellensittiche nach Hause. Dort angekommen sind Umsicht und Geschicklichkeit gefordert: Halten Sie die Reisebox an das geöffnete Käfigtürchen, damit jeder Vogel problemlos umsteigen kann. Bei einem scheuen Tier, das den Ausstieg verweigert, kippt man die Schachtel langsam in die Schräge, bis der Insasse in den Käfig rutscht. Nehmen Sie mit Schnalzlauten und gedämpfter Stimme Kontakt auf. Das gibt dem kleinen Papagei Sicherheit. Nun lassen Sie den Sittich in aller Ruhe die Umgebung inspizieren. Sobald er Futter und Wasser zu sich nimmt, ist die erste Hürde der Eingewöhnung erfolgreich abgeschlossen.

Hinweis: Private Züchter haben meist keine passende Schachtel. Transportieren Sie den Vogel dann im Käfig. Entfernen Sie alles Zubehör, bis auf eine Sitzstange. Legen Sie eine leichte, luft-

Vertrauen aufbauen

▸ **1 Kontakt aufnehmen.** Zunächst bleibt der Käfig noch geschlossen. Hier fühlt sich der Vogel sicher. Sprechen Sie ihn zärtlich mit leiser Stimme an.

▸ **2 Die Neugierde siegt.** Ein Stück Kolbenhirse verleitet zum Naschen. Warten Sie ab, bis der Vogel von sich aus das Angebot annimmt.

▸ **3 Zarte Bande.** Die erste Hürde ist genommen. Der Vogel sitzt vertrauensvoll auf Ihrer Hand und lässt sich die Hirse schmecken.

durchlässige Decke über den Käfig. Zu Hause nehmen Sie einfach die Decke ab und richten das Vogelheim mit viel Einfühlungsvermögen ein.

Die Wellensittiche in ihrem neuen Zuhause

Die ersten Stunden sind in der Regel nicht spektakulär. Meist sitzen die Vögel ruhig auf der Stange, beobachten die Umgebung und hören auf die fremden Geräusche. Allmählich werden sie neugieriger und klettern im Käfig umher. Dabei werden vorsichtig und fast zart Gitterstäbe und Sitzstangen beknabbert. Das ist der richtige Zeitpunkt, um Kontakt zu Ihren gefiederten Hausgenossen aufzunehmen. Sprechen Sie ruhig mit ihnen und nennen Sie immer wieder ihre Namen. So lernen sie Ihr Aussehen und Ihre Stimme kennen. Nach zwei bis drei Tagen haben sie Vertrauen zu Ihnen gefasst und keine Angst mehr. Einige – aber es sind aus meiner Erfahrung nur wenige Vögel – drücken sich ängstlich in eine Ecke am Käfigboden oder drehen den Kopf zur Seite, wenn Sie sich nähern. Keine Angst, auch diese Sittiche werden zahm. Sie brauchen nur länger, um sich an die neue Umgebung zu gewöhnen. Mein Tipp: Verführen Sie solch einen Vogel mit Kolbenhirse. Legen Sie in ca. fünf Zentimeter Abstand eine halbe Kolbenhirse in die Nähe des Sittichs, sodass er sie gut sehen kann. Sie bleiben ebenfalls in der Nähe. Sinn dieser Aktion ist es, dass der Vogel sowohl die Umgebung als auch Sie positiv verbindet.

Was Sie anfangs vermeiden sollten

▸ Unruhe und Hektik, lautes Türenknallen und sonstigen Lärm.
▸ Hastige Bewegungen, lautes Sprechen, Schreien und Streiten.
▸ Grelles Licht, besonders am Abend.
▸ Direkter Blick auf den Fernsehbildschirm und eine hohe Lautstärke des eingeschalteten Apparats. Vor allem Schüsse in Wildwestfilmen und Krimis erschrecken die Vögel.

Problemlose Eingewöhnung 3

- Erscheinen Sie nicht völlig verändert, z. B. mit einer ungewohnten Kopfbedeckung, vor den Vögeln.
- Deuten Sie nie mit ausgestrecktem Finger auf einen Wellensittich. Alle Wellensittiche reagieren mit Flucht darauf. Wir wissen noch nicht warum, aber vielleicht sehen sie darin den Schnabel eines Greifvogels.
- Greifen Sie auf keinen Fall den Sittich von oben mit der Hand. Er hätte das Gefühl, von einem Greifvogel gepackt zu werden und bekäme Todesangst.
- Die Reinigung des Käfigs sollte in der ersten Woche unterbleiben. Das umfangreiche Hantieren im Käfig erschreckt die Tiere zu sehr.
- Völlige Stille versetzt die Vögel ebenso in Angst wie schrille Geräusche.

Das ABC für eine problemlose Eingewöhnung

Erst seit kurzem widmet sich die Wissenschaft der Erforschung der Persönlichkeit von Tieren. Allen voran die Niederländer. Die Ergebnisse der Verhaltensbiologie und der Neurobiologie zwangen die Menschen, die Tiere in einem neuen Licht zu sehen. Spät, aber nicht zu spät zum Wohle der Tiere. Fast jedes Tier besitzt eine Persönlichkeit. Wie stark ein Tier seine Persönlichkeit ausbildet, ist von Tierart zu Tierart verschieden und von der Komplexität des Gehirns abhängig (→ Seite 97). Jeder meiner Wellensittiche war und ist ver-

TIPP

Versorgung in den ersten Tagen

Um die Vögel mit frischem Futter zu versorgen, müssen Sie in den Käfig greifen. Tun Sie dies von Anfang an ruhig, ohne hektische Bewegungen, selbst wenn die Vögel noch ängstlich vor Ihrer Hand zurückschrecken. Lassen Sie die Vögel dann allein, damit sie sich wieder beruhigen können.

WILLKOMMEN ZU HAUSE

Jeder Wellensittich hat eine eigene Persönlichkeit. Gehen Sie auf **Wesensunterschiede** ein. Ängstlichere Naturen verlangen besonders viel Einfühlungsvermögen.

schieden: Manche waren tollkühn und fast durch nichts zu erschrecken. »Einstein«, ein grüner Wellensittich-Mann, machte sich einen Spaß daraus, meine Schäferhündin zu erschrecken, indem er auf ihrem Kopf landete. Die ängstliche Hündin nahm sofort Reißaus. Der Vogel war ihr psychisch weit überlegen – klein, aber groß im Kopf. Andere meiner Wellensittiche verhielten sich scheuer und zurückhaltender. »Einstein« bekam seinen Namen wegen seiner Intelligenz und seinem schnellen Lerntempo. »Hansi«, ein blauer Sittich, brauchte lange, bis bei ihm der Groschen gefallen war. Alle meine Vögel haben einen Namen. So verbinde ich mit jedem von ihnen eine persönliche Geschichte. Sittiche sind Persönlichkeiten mit eigenem Charakter und gewissen Ansprüchen. Die wichtigste Regel in der Mensch-Tier-Beziehung lautet: Respektieren Sie die individuellen Wesenszüge und Eigenheiten der Tiere.

Eine prächtige Farbpalette zeigen die Gefiederfarben der Wellensittiche.

Das erleichtert die Eingewöhnung und stärkt das Vertrauen. Das gilt auch für Wellensittiche, obwohl sie Schwarmvögel sind. Man glaubt kaum, dass ein Schwarm aus so vielen Persönlichkeiten bestehen kann. In diesem Punkt sind uns die Sittiche sehr ähnlich. Ein guter Halter respektiert sowohl die Individualität als auch den Hang zur Geselligkeit seiner gefiederten Freunde.

Ein »zweischneidiges Schwert«: An dieser Stelle möchte ich Ihnen einen Rat geben, obwohl mir dabei – ehrlich gesagt – nicht ganz wohl ist. Wenn Sie feststellen, dass ein junger Wellensittich offenbar noch keinen »Partner fürs Leben« in seinem »Schwarm« gefunden hat, etwa beim Züchter, im Zoofachgeschäft oder im Tierheim, dann nehmen Sie zuerst nur einen Vogel. Auf den ersten Blick mag dies für den kleinen Piepmatz grausam erscheinen, aber in Zukunft hat er es dafür erfahrungsgemäß besser, weil er mehr fliegen darf und leichter einzufangen ist. Einen einzelnen Wellensittich zu zähmen ist leichter. Der Grund ist jedoch alles andere als tiergerecht: Als Schwarmvogel sucht der einzelne Vogel Geselligkeit, da er keinen Artgenossen hat. Er wählt nun aus der Not heraus den Menschen als Partner. Je jünger der Vogel ist, umso leichter akzeptiert er Sie. Ist der Sittich zahm, sollten Sie sofort einen zweiten Wellensittich anschaffen. Meist verläuft die Zähmung des zweiten Vogels rascher, weil er von seinem Artgenossen lernt, dass er Ihnen vertrauen kann.

Wellensittiche zähmen

Damit Ihre Wellensittiche handzahm werden, müssen Sie wieder einmal viel Einfühlungsvermögen beweisen. Vermeiden Sie unbedingt schnelle, hektische Bewegungen, und nähern Sie sich dem Vogel stets von vorne. So sieht und erkennt er Sie leicht. Gewohntes macht ihm weniger Angst. Das erste Eis ist gebrochen, wenn es Ihnen gelingt, den Wellensittich neugierig auf Sie zu machen. Er soll sich Ihnen von sich aus, pfeifen leise. Kurze Zeit später gehen Sie vorsichtig ein wenig vorwärts. Bleibt er jetzt sitzen, was bei den meisten Vögeln der Fall ist, bringen Sie Ihr Gesicht auf Augenhöhe mit dem Vogel, sprechen und pfeifen Sie leise mit ihm. Durch Ihr Verhalten wird der Vogel neugierig. Im besten Fall »rutscht« er von seiner Sitzstange aus näher an das Gitter heran, um Sie zu »begutachten«.

WUSSTEN SIE SCHON, DASS ...

... nicht jeder Wellensittich ein Sprachtalent ist?

Die Neigung und das Talent zum Sprechen ist bei Wellensittichen sehr unterschiedlich ausgeprägt. Die Männchen sind in der Regel deutlich besser im Nachahmen als die Weibchen. Ein Grund dafür mag wohl der Kampf um die Gunst eines Weibchens sein, denn die Männchen müssen den Gesang ihrer Liebsten nachahmen. Wer das am besten kann, trägt den Sieg davon und darf mit seiner Auserwählten eine Familie gründen.

freiwillig und ohne Zwang nähern. Das ist das Grundprinzip des Vertrautmachens und gilt für alle Tiere, gleich ob Löwe, Tiger oder Wellensittich.

Erster Zähmungsschritt: Neugierig machen

Wie kann man die Neugierde des Vogels auf sich ziehen? Wenn der Vogel ruhig und entspannt auf der Stange sitzt, treten Sie vorsichtig an den geschlossenen Käfig heran. Vermeiden Sie schrille Geräusche. Weicht er vor Ihnen aus, bleiben Sie regungslos stehen und

Zweiter Zähmungsschritt: Verführen und verlocken

Öffnen Sie nun mit einer Hand die Käfigtür, in der anderen Hand halten Sie ein Stück Kolbenhirse. Der Wellensittich verfolgt Ihre Bewegungen aufmerksam und beäugt die Hirse. Vergessen Sie dabei nicht, mit dem Vogel zu sprechen und ab und zu leise zu pfeifen. Seine Aufmerksamkeit gilt der Hand und der Hirse. Er fühlt sich sicher, ist aber nicht mutig genug, die ersten Schritte durch die geöffnete Käfigtür und Ihnen entgegen, zu wagen. Das dauert noch!

Dritter Zähmungsschritt: Kritische Phase überwinden

Warten Sie, bis der Sittich auf die Hirse hopst. Vermeiden Sie während dieser kritischen Phase jedes störende Geräusch. Ziehen Sie die Hand millimeterweise aus der Käfigtür zurück, Richtung Körper. Der Sittich soll die Bewegung nicht registrieren. Verharren Sie einige Minuten in dieser Haltung, und lassen Sie den Vogel ungestört fressen. Nach diesem kurzen Trip aus dem Käfig führen Sie die Hand mit dem Vogel vorsichtig in den Käfig zurück. Ich habe die Erfahrung gemacht, dass vier bis fünf Wiederholungen dieser Übung ausreichen, um dem Wellensittich zu zeigen, dass ihm auch außerhalb des Käfigs keinerlei Gefahr droht.

Vierter Zähmungsschritt: Entdeckungsreise

Aus der Sicht des Wellensittichs sind Sie nun eine Art Glücksbringer. Er hat von Ihnen bisher nur Gutes erfahren und somit Positives mit Ihnen verbunden. Das ist die Grundlage dafür, um das Vertrauen zu Ihnen auszubauen. Leiten Sie den Sittich, wie im dritten Zähmungsschritt beschrieben, aus dem Käfig. Nach kurzer Zeit untersucht er Ihre Hände und Ihre Arme. Bei leicht ausgestreckten Armen trippelt er Richtung Schulter und beknabbert Ihre Haare. Das lieben alle Piepmätze. Machen Sie jetzt nicht alles zunichte, indem Sie ihn z. B. vom Arm abschütteln, weil Ihnen das Gefühl unangenehm ist. Das würde die zarten Vertrauensbande zerstören.

»Draufgänger« oder »Angsthase«?

Welche Persönlichkeit Ihr Wellensittich besitzt, können Sie bereits in den ersten Stunden feststellen. Mutige oder Scheue zeigen unterschiedliches Verhalten in der neuen Umgebung, besonders dann, wenn schon ein Sittich vorhanden ist.

Der Test beginnt:

Weicht der Sittich vor Neuem zurück, z. B. wenn Sie ein Glöckchen in den Käfig hängen? Reagiert er auf die Annäherung eines anderen Sittichs mit Gezeter? Dann hat er eher ein ängstliches Naturell. Interessiert er sich aber für seine Käfiggenossen und trippelt auf sie zu, gehört er zu den Mutigen. Reagiert der Sittich auf Ihre flache, ruhig ausgestreckte Hand, indem er sie vorsichtig mit dem Schnabel berührt, haben Sie einen kleinen Draufgänger.

Mein Testergebnis:

Wellensittiche zähmen

▲ Diese beiden haben ein vertrautes Verhältnis. Der Vogel lässt sich gern auf der Hand herumtragen.

Fünfter Zähmungsschritt:
Das Eis ist völlig gebrochen

Nun ist das Vertrauen zu Ihnen bereits enorm gefestigt und der Mut groß genug, um die Umwelt auch außerhalb des Käfigs zu erkunden. Um den Anreiz noch größer zu machen, verführen Sie Ihre Wellensittiche mit Gegenständen, an denen sie gern knabbern. Zeitungen oder alte Kalender und Zweige sind bevorzugte Gegenstände. Versuchen Sie ihn vorsichtig mit den Fingern sanft an der Brust zu streicheln. Weicht er zurück, probieren Sie Ihr Glück beim nächsten Mal.

Die meisten Sittiche lieben diese Art der Kontaktaufnahme. Nun lernen Sie Ihren Vogel von einer ganz anderen Seite kennen. Aus dem scheuen Tier ist ein kleiner Entdecker geworden, der bisweilen frech sein kann. Einige meiner Sittiche haben einen riesigen Spaß daran, an meinen Stiften zu knabbern, wenn ich in der Voliere Verhaltensweisen protokolliere.

Hinweis: Ich kann gar nicht oft genug betonen, wie wichtig der Freiflug für Wellensittiche ist, die nicht in einer großen Voliere leben (→ Seite 46). Viele Halter haben aber Angst davor, dass Ihre Vögel nicht wieder freiwillig ins Vogelheim zurückkehren, wenn sie es nicht möchten. Die Antwort ist einfach: Bieten Sie den Vögeln außerhalb des Käfigs kein bzw. nur gezielt Futter an (→ Seite 100). Sie werden dann schon von alleine in den Käig zurückkehren. Wilde Verfolgungsjagden dagegen würden das aufgebaute Vertrauen zu Ihnen sofort wieder zerstören.

WILLKOMMEN ZU HAUSE

Fragen zur Haltung und Eingewöhnung

? Kann man Wellensittiche auch mit anderen Tieren zusammen halten?
Wellensittiche sind wehrlose Tiere. Ihr Verhalten spiegelt diese Hilflosigkeit wider: Sobald es brenzlig wird oder sie in eine unübersichtliche Situation geraten, ergreifen sie sofort die Flucht. Vor Hunden und Katzen haben Wellensittiche Angst. Mit viel Geduld und Umsicht kann man Sittiche vielleicht an einen gut erzogenen Hund gewöhnen, aber enge Freundschaften sind selten. Warnen möchte ich vor dem unbeaufsichtigten Zusammensein mit Katzen, Frettchen und Ratten: Vögel zählen zum ererbten Beutespektrum dieser Tiere und ihr Jagdtrieb lässt sich auf Dauer kaum unterdrücken. Und wer weiß schon, was der Sittich beim Anblick seiner möglichen Feinde empfindet. Nicht auszuschließen, dass für ihn allein die Gegenwart dieser Feinde so viel Stress bedeutet, dass er auf Dauer krank wird, wie man bei vielen anderen Tierarten festgestellt hat. Ursache dafür ist ein sprunghafter Anstieg des Stresshormons Cortisol. Hamstern, Mäusen und Zwergkaninchen gegenüber verhalten sich die Sittiche gleichgültig. Aber aus hygienischen und medizinischen Gründen würde ich diese Tierarten nicht mit Wellensittichen in einem Käfig halten.

? Meine Tochter ist sieben und will unbedingt einen Wellensittich. In welchem Alter können Kinder die Verantwortung für einen Sittich übernehmen?
Ich würde damit noch ein Jahr warten – auch wenn man das einem Kind schwer vermitteln kann. Erklären Sie Ihrer Tochter, wie empfindlich ein kleiner Vogel ist und wie sehr sein Wohlbefinden von einer gewissenhaften Pflege abhängt. Käfigreinigung, regelmäßige Fütterung, Zwiesprache und Zuwendung überfordern kleine Kinder. Sie wollen manchmal einfach spielen und tausend andere Dinge tun. Aber es gibt natürlich auch Ausnahmen unter den Kindern. Manche der Zwerge wissen genau, wofür ihr Herz schlägt. Tiere sind der Mittelpunkt Ihres Lebens. Gehört Ihr Kind dazu, dann zögern Sie nicht, einen Vogel zu kaufen.

? Vor drei Wochen habe ich meinem 3-jährigen Sittichmännchen ein zweites junges Männchen dazugekauft. Aber leider vertragen sich die beiden nicht. Der Ältere hackt nach dem Jungen. Was muss ich tun?
In Ihrem Falle ist Geduld angesagt. Mit großer Wahrscheinlichkeit lösen die beiden Kontrahenten ihre Streitigkeiten selbst. Wellensittiche sind zwar Schwarmvögel, aber im Schwarm gibt es keine Hierarchie, wie bei Hühnern und anderen Tieren. Das erleichtert das friedliche Zusammenleben. Vermutlich reagiert Ihr

Frage & Antwort

älterer Vogel auf den Neuling aggressiv, weil er nach drei Jahren Einsamkeit die genauen Regeln des Gruppenlebens nicht kennt und der Neuling ihm fremd vorkommt. Nach längerer Gewöhnungszeit wird er entdecken, dass das Leben zu zweit spannender ist. Bewerten Sie die Streitigkeiten nicht über, auch wir streiten uns und Kinder sind auch nicht zimperlich im Streit.

? **Mein Wellensittich verlässt seinen Käfig nicht, obwohl die Käfigtür den ganzen Tag geöffnet ist. Soll ich ihn mit der Hand aus dem Käfig herausholen?**
Wellensittiche mit der Hand zu umklammern ist eigentlich eine »Todsünde«. Lediglich für Pflegemaßnahmen oder im Krankheitsfall sollten Sie dies tun. Wenn Sie ihn in die Hand nehmen, hat der kleine Sittich das Gefühl, sich in den Klauen eines Greifvogels zu befinden. Er wird Sie lange fürchten. Stellen Sie besser einen Kletterbaum unmittelbar vor die Käfigtür, so dass der Vogel direkt darauf hopsen kann (→ Seite 48). Als Anreiz befestigen Sie eine Kolbenhirse daran. Aber noch wichtiger ist ein Vogelpartner. Zu zweit erkunden die Sittiche ihre Umwelt viel lieber.

? **Ich habe vier Wellensittiche. Drei verhalten sich völlig normal, nur einer tanzt aus der Reihe. Beim Schlafen hängt er mit dem Kopf nach unten. Ist das in Ordnung?**
Sittiche sind Individualisten und haben auch manchmal unterschiedliche Schlafstellungen. Bei meinen Wellensittichen habe ich die Kopf-unter-Position mehrfach beobachtet, und all diese Vögel waren körperlich und psychisch gesund. Also kein Grund zu Besorgnis. Warum sie in einer solch unnatürlichen Stellung schlafen, ist mir allerdings ein Rätsel. Ich kann mir nicht vorstellen, dass Wellensittiche in freier Natur diese Schlafstellung einnehmen.

? **Frühmorgens zwitschern meine Wellensittiche so laut, dass ich nicht mehr schlafen kann. Wie kann ich das Zwitschern meiner Vögel abstellen?**
Wer Wellensittiche als Heimtiere hält, der muss damit rechnen, dass die Vögel laut zwitschern. Und eigentlich sollte das fröhliche Vogelgezwitscher uns in gute Laune versetzen. Alle Vögel beginnen den Tag im ersten Licht. Das macht biologisch Sinn: So verlieren sie bei der Futtersuche keine Zeit. Da die Sittiche in menschlicher Obhut keine Futtersorgen haben, können Sie den Käfig abends ohne Gewissensbisse mit einem Tuch abdecken oder den Raum verdunkeln. Mit der Zeit werden sich die Wellensittiche bestimmt diesem Rhythmus anpassen.

Das ist gesund und schmeckt

Der Tisch ist für Wellensittiche, die mit uns leben, meistens reichlich gedeckt. Aber nicht nur die Menge ist entscheidend, sondern vor allen Dingen Qualität und Mischung.

Richtige Ernährung

Richtige Ernährung – ein wichtiges Kapitel

An erster Stelle einer gesunden Wellensittich-Ernährung steht Körnerfutter mit den verschiedensten Sämereien. Aber auch die Frischkost wie Grünfutter, Obst und Gemüse darf nicht zu kurz kommen, wenn Ihre kleinen Papageien gesund bleiben sollen.

DAS KARUSSELL DES LEBENS dreht sich um Nahrung und Sexualität. Dies gilt für fast alle Lebewesen uneingeschränkt, aber ganz besonders für Wellensittiche.

»Wellensittich-Männer« bleiben schlank

Warum neigen Wellensittich-Damen, die in unserer Obhut leben, zu Dickleibigkeit? Um diese Frage zu beantworten, muss man sich mit der Biologie und der Evolution der Sittiche beschäftigen.
Die Lebewesen haben sich erst im Laufe von Millionen Jahren an die Umwelt angepasst, insbesondere an ihr Nahrungsangebot. Damit ist garantiert, dass die unterschiedlichsten Lebewesen alle Nahrungsressourcen nutzen können. Es gibt Spezialisten wie den großen Panda, der nur Bambus frisst, oder Allesfresser wie den Menschen und das Schwein oder eben Pflanzenfresser wie die Wellensittiche. Die Anpassung findet natürlich auf verschiedenen Ebenen statt, eine davon ist die Verhaltensebene. Zurück zum Wellensittich und zur Frage, warum Sittichhennen in Gefangenschaft zu Fettleibigkeit neigen. Die Produktion und das Ausbrüten der Eier kostet das Weibchen viel Energie. Ein Großteil dieser Energie, also Nahrung, bekommt das Weibchen von ihrem männlichen Partner. Er füttert sie fast zärtlich während der Balz. Unaufhörlich fliegt er herum, besorgt Futter und bringt es der Angebeteten. Er stopft ihr das Futter geradezu in den Schnabel. Ein biologischer Sinn dieser Aktion ist es, das Weibchen auf die energieverbrauchende Eiablage vorzubereiten. So ist garantiert, dass »die werdende Mutter« genügend Futter bekommt und keine Energie durch unnötige Futtersuche verliert. In der Natur klappt dieses Zusammenspiel hervorragend. Aber bei Sittichen, die als Heimtiere gehalten werden, treten Schwierigkeiten auf.

Hier kann man prima seinen Durst stillen. Aber Vorsicht, in schmalen hohen, mit Wasser gefüllten Gefäßen kann man auch ertrinken, wenn man hineinfällt.

DAS IST GESUND UND SCHMECKT

Geringer Energieverbrauch: Die wenigsten Sittichhennen dürfen Brüten und somit entfällt das kräftezehrende Eierlegen. Aber dennoch bilden sich Paare. Er füttert sein Weibchen, und sie nimmt die Nahrung entgegen. So wie in der Natur auch, nur brüten sie nicht und ziehen keinen Nachwuchs groß. Sie bekommt zu ihrer eigenen Futtersuche immer noch eine Extraration hinzu, und das macht dick. Erschwerend kommt hinzu, dass er viel mehr fliegt als sie, um das Futter für sie aufzupicken. Falsch, wenn nicht sogar tödlich wäre es aber, die Dame auf Diät zu setzen. Vögel haben in der Regel einen viel höheren Stoffwechsel als Säugetiere. Sie verbrauchen in kurzer Zeit eine enorme Energie, und wir können den Bedarf kaum abschätzen. Allzu leicht verhungert deshalb so ein kleiner Sittich in unseren Händen.

Nahrungsbedarf: Welche »Energiefresser« Wellensittiche sind, haben Professor Steiger und sein Team von der Universität Bern erforscht. Antoine Schnegg untersuchte das Fressverhalten und den täglichen Energieverbrauch domestizierter Wellensittiche. Die Ergebnisse sind erstaunlich: Der durchschnittliche Energieverbrauch eines Sittichs liegt bei 93,59 kJ/Tag. Das ist fast das 50-Fache eines Menschen, wenn man sich auf ein Gramm Körpermasse bezieht (Mensch 80 kg, Sittich 50 g). Klar – Männchen, die ihr Weibchen fütterten, hatten noch einen höheren Verbrauch. Wellensittiche sind wahre Vielfraße. Im Schnitt fressen sie je nach Bedingungen zwischen 12 und 14 Gramm. Das würde bedeuten, dass ein Mann von 80 kg etwa 20 kg pro Tag essen müsste. Im Sommer legen Sittiche kräftig Speck zu. Warum dies so ist, weiß man noch nicht. Vielleicht liegt es daran, dass die Heimat der Sittiche auf der Südhalbkugel liegt. In unserem Sommer ist in Australien Winter. Ist in ihren Genen womöglich ein anderer Zeitrhythmus gespeichert? Ich weiß es nicht – habe aber den Verdacht – denn

WUSSTEN SIE SCHON, DASS …

… bereits Jungvögel Futtervorlieben entwickeln?

Ebenso wie wilde Vögel, so lernen auch Heimvögel in ihrer Jugend, welche Pflanzen genießbar sind und welche nicht. Als erwachsene Tiere sind sie kaum noch für neues Futter zu begeistern. Viele Vogelhalter klagen darüber, dass ihre Sittiche nur eine ganz bestimmte Körnermischung fressen und selbst das beste Obst verschmähen. Füttern Sie also schon Ihre Jungvögel so abwechslungsreich wie möglich.

Damit Ihre Wellensittiche nicht zu dick werden, brauchen sie **viel Bewegung**. Der tägliche Freiflug in der Wohnung ist ein Muss für die kleinen Papageien.

meine Vögel brüteten im November am erfolgreichsten. Aber wie gesagt, dass sind nur meine Erfahrungen und sie können reiner Zufall sein.

Natürlich schlank: Wie können nun Wellensittichdamen & Co. ihre schlanke Figur behalten? Die Schlankheitskur für Wellensittiche heißt: fliegen (→ Freiflug, Seite 46). Für die schlanke Linie der Weibchen gibt es noch eine wirksamere Methode, ein Vorschlag von Antoine Schnegg: Man lässt die Weibchen eine zeitlang brüten und entfernt dann die Eier (→ Seite 67). Das klingt zwar hart für den Nachwuchs, ist aber für das Wohlbefinden der Henne von Vorteil.

Was fressen wildlebende Wellensittiche?

Für die Gesundheit des Vogels ist nicht nur die Futtermenge entscheidend, sondern auch die Vielfalt. Die »wilden« Wellensittiche Australiens verraten uns, was gesundes Futter für unsere Heimtiere heißt. Der Speisezettel der Vorfahren ist eine Richtschnur des Futterplans von heute. Die Kenntnisse darüber verdanken wir dem Zoologen Edmund Wyndham, der das Leben der Sittiche in der Natur studierte. Auf ihrem Speiseplan stehen Samen von 21 Pflanzenarten – eine recht beachtliche Zahl. Die Mehrzahl dieser Pflanzen gehört zu den Gräsern. Alle Pflanzen hier aufzuführen führt zu weit.

Ich möchte nur die vier häufigsten nennen: *Astrepla lappacea, Astrepla pectinata, Atriplex angulata, Boerhavia triplex.* Der Wellensittich begnügt sich mit den Pflanzen, die nach der Regenperiode wachsen, und ist nicht wählerisch. Das hilft ihm, in den kargen Monaten zu überleben. Wenn die Natur Futter im Überfluss bietet, hat er jedoch seine Vorlieben und seinen ganz persönlichen Geschmack.

Freilebende Wellensittiche können sich stets von frischen Körnern ernähren, die alle lebensnotwendigen Stoffe enthalten. Anders als Wellensittiche, die als Heimtiere gehalten werden. Sie sind gegen Mangelerscheinungen nur dann gefeit, wenn Sie ihnen von klein auf ein vielfältiges Menü servieren. Vögel, die nur einseitiges Futter kennen, gewöhnen sich schwer um.

Hin und wieder sind kleine Leckereien erlaubt.

Körner als Grundnahrung

Körner bilden die Hauptnahrung der Wellensittiche. Körner sind Samen verschiedener Pflanzenarten.

Gesundes Gemisch: Bewährt hat sich ein Körnergemisch, das zu 30 % aus Glanz- bzw. Spitzsaat besteht, zu 25 % aus Silberhirse, 20 % Plata- und Senegalhirse, 15 % Nackthafer und Bluthirse, 5 % Negersaat und 5 % Leinsaat. Gute Mischungen enthalten oft auch Kardi- und Perllasaat sowie Japanhirse. Die Einzelsaaten gibt es in Samenhandlungen, seltener in Zoogeschäften zu kaufen. Die Grundnahrung für Wellensittiche wird aber auch fertig abgepackt angeboten. Die Futtermittelhersteller stellen nach eigenem Rezept eine ausgewogene Mischung zusammen und reichern sie oft mit Jodsalzen an. Ich habe mit dem Fertigfutter seit über 30 Jahren nur gute Erfahrungen gemacht.

Verfallsdatum: Achten Sie beim Kauf auf das Verfallsdatum. Sämereien für Vogelfutter werden einmal jährlich geerntet. Die Körner sind bei richtiger Lagerung bis zur nächsten Aussaat keimfähig. Die Haltbarkeit beträgt etwa ein Jahr, obgleich der Nährstoff- und Vitamingehalt mit der Zeit abnimmt.

Lagerung: Ausschlaggebend für den Nährstoffgehalt der Körner ist die Art des Lagerns. Sie sollten in dunklen, aber luftigen Räumen aufbewahrt werden. Vom Tag des Abpackens an erhalten die Körner nur noch wenig Luft, daher achte ich darauf, dass die Mischung nicht älter als vier bis fünf Monate ist.

Keimprobe: Wer ganz sicher sein will, kann von Zeit zu Zeit eine Keimprobe machen. Nehmen Sie einen Teelöffel Körner aus der Packung und weichen Sie sie in ein wenig Wasser ein. Das Wasser soll die Körner etwa 2 cm hoch bedecken. So bleiben sie dann 24 Stunden lang stehen, werden anschließend in einem Sieb lauwarm abgebraust und in ein flaches Gläschen oder eine Petrischale gegeben. Der Boden der Gefäße ist mit feuchtem Küchenpapier bedeckt. Sehr wichtig: Die Samen während des Keimens nicht luftdicht abdecken, da sie sonst leicht schimmeln. Nach 24 Stunden kann man sie schon als Quellfutter und nach 48 Stunden als Keimfutter an die Vögel verfüttern. Keimen nur wenige Samen, sind sie zu alt und nicht mehr zum Füttern geeignet. Wellensittiche mögen die gekeimten Körner gern. Aber Vorsicht: Gequollene und gekeimte Körner verderben rasch. Füttern Sie Keimfutter in einem Extraschälchen und entfernen Sie die Reste nach ein bis zwei Stunden. Diese Vorsichtsmaßnahme verhindert, dass der Vogel bereits angefaulte Körner frisst und dadurch vielleicht krank wird.

Körnerfutter-Menge: Geben Sie pro Sittich und pro Tag zwei Teelöffel Körnerfutter. Überprüfen Sie, ob diese Menge ausreicht. Es ist besser, Ihrem Vogel stets reichlich Nahrung anzubieten. Ein richtig gehaltener Wellensittich frisst nur so viel wie er braucht. Keinesfalls dürfen Sie die Grundnahrung rationieren, um den Vogel vorm Dickwerden zu schützen (→ Seite 67). Vorsicht vor leeren Hülsen: Schon so mancher Sittich ist verhungert, obwohl er vor einem vermeintlichen Futterberg saß. Wellensittiche ernähren sich nur vom Inneren der Samen, die Hülsen lassen sie fallen. Die leeren Hülsen aber können einem unerfahrenen Halter den Eindruck eines vollen Napfes vermitteln. Ein tragischer Trugschluss, der schon für manchen Sittich tödlich endete.

Gesundes Futter
auf einen Blick

Der Mix macht's
An erster Stelle steht natürlich eine gesunde Körnermischung. Aber auch Grünkost wie z. B. Löwenzahn, Vogelmiere und Kräuter gehört zu einer abwechslungsreichen Ernährung.

Gemüse und Obst
Sie enthalten wichtige Vitamine, Öle und Mineralien. Probieren Sie aus, was Ihre Wellensittiche mögen. Bieten Sie den Vögeln täglich zwei bis drei Sorten an. Obst und Gemüse vor dem Verfüttern zerteilen.

Leckereien
Alle Wellensittiche lieben Kolbenhirse. Meine Vögel bekommen täglich ein kleines Stück davon, denn es ist eine hochwertige Nahrung. Bei genügend Bewegung schadet das ihrer Figur nicht.

Nahrungsbausteine

Wie für alle Lebewesen, so gilt auch für den Wellensittich: Die richtige Zusammensetzung der Nahrung macht's. Um gesund zu bleiben, brauchen die kleinen Papageien: Eiweiß, Kohlenhydrate, Fette und Mineralien.

WELLENSITTICHE benötigen wie alle Tiere: Eiweiß, Kohlenhydrate und Fett. Diese drei Nährstoffe haben unterschiedliche Aufgaben im Körper, aber allen ist gemein: Sie liefern Energie. Es ist übrigens ein Irrtum zu glauben, dass auch Vitamine und Mineralien Energie liefern.

Eiweiß sorgt für Erneuerung

Eiweiß liefert in etwa die Hälfte an Energie wie Fett. Also könnte man denken, dass ein »Energiefresser« wie der Wellensittich vor allem Futter zu sich nimmt, in dem Fett enthalten ist. Aber das ist nur die halbe Wahrheit, denn Eiweiß spielt auch bei der Erneuerung eine große Rolle. Ein Beispiel verdeutlicht dies eindrucksvoll: Wenn Sie sich im Spiegel betrachten und dies einen Monat später wiederholen, sind fast alle Hautzellen durch neue ersetzt worden. Wenige Zellen haben überlebt, und es entstehen permanent neue Zellen. Zelltod und Geburt der Zellen finden ständig statt. Neu entstehende Zellen brauchen Eiweiß. Dies ist ein biologisches Prinzip und gilt auch für Wellensittiche. Eine zu geringe Menge an Eiweiß führt zu Mangelerkrankungen oder zum Tod. Warum hat ein Mangel an Eiweiß so gravierende Folgen? Ganz einfach: Die Muskeln bestehen größtenteils aus Eiweiß. Nach Studien, die in England durchgeführt wurden, sollte die Nahrung des Wellensittichs etwa 10 % Eiweiß enthalten, denn die Federn, der Schnabel und die Krallen bestehen fast aus reinem Eiweiß.

Während der Mauser (Federwechsel) benötigen Wellensittiche 2- bis 3-mal so viel Eiweiß. In dieser Zeit ist es sinnvoll, mehr Glanzsaat und Hafergrütze zu füttern, weil diese Samen viel Eiweiß enthalten. Hier einige Angaben über den Eiweißgehalt in einem Kilogramm Körnerfrischgewicht bei folgenden Pflanzen: Weiße Hirse = 115 Gramm, Rote Hirse =116 Gramm, Glanzsaat = 156 Gramm, Hafergrütze =135 Gramm.

Kohlenhydrate liefern den »Treibstoff«

Zu den bekanntesten Kohlenhydraten gehören Stärke und Zucker. Sie sind unter anderem in Brot, Nudeln und Süßigkeiten enthalten.
Kohlenhydrate sind der Treibstoff bzw. Energielieferant für unsere Wellensittiche. Diese Energiequelle können Wellensittiche am leichtesten anzapfen, weil der Pflanzensamen von allen Stoffen am meisten Stärke enthält. Die kleinen Papageien schälen mithilfe ihres Schnabels die Samen und lassen die unver-

Fett – Energie pur

▲ Ein »Bett« im Katzengras. Da wachsen einem doch die saftigen Gräser fast direkt in den Schnabel hinein.

daulichen Hülsen fallen. In einem Kilogramm Körnerfrischgewicht ist bei den folgenden Sämereien Stärke in diesen Mengen vorhanden : Weiße Hirse = 712 Gramm, Rote Hirse = 699 Gramm, Glanzsaat = 615 Gramm, Hafergrütze = 707 Gramm. Unter einem Kohlenhydratmangel leiden unsere Wellensittiche also nie.

Fett – Energie pur

Butter, Margarine und Öle sind fast reine Fette. Die Aufgaben der Fette im tierischen Körper sind vielseitig. Unter anderem liefern sie Energie und sind Transportmittel für manche Vitamine. Vitamin A löst sich beispielsweise nur in Fett. Der jeweilige Anteil, den eine Tierart davon braucht, ist aber von Tierart zu Tierart verschieden. Eisbären und Robben etwa benötigen viel Fett, Wellensittiche dagegen mehr Kohlenhydrate. Der Anteil von Fett beträgt beispielsweise in der Weißen Hirse 35 Gramm, in der Roten Hirse 38 Gramm, in der Glanzsaat 56 Gramm und in der Hafergrütze 66 Gramm.

Hinweis: Ein Gramm Fett liefert die doppelte Menge an Kalorien wie Kohlenhydrate oder Eiweiß. Wellensittich-Weibchen neigen zu Übergewicht, darum füttern Sie wenig fettreiche Nahrung. Meine Sittiche bekommen z. B. selten Sonnenblumenkerne, weil die Kerne viel Fett enthalten. Auch andere fettreiche Leckereien sparsam verfüttern (→ Seite 78).

DAS IST GESUND UND SCHMECKT

Mineralien sorgen für Wohlbefinden

Was genau Mineralien sind, darüber herrscht bei vielen Menschen Unklarheit. Leider werden auch oft falsche Informationen verbreitet. Mineralien sind Salze der verschiedenen Metalle wie z. B. Kochsalz, Jodsalz und Kalk. Der Organismus nimmt diese Salze auf. Die meisten reinen Metalle sind jedoch schon in geringen Mengen giftig.

Welche Folgen eine falsche Definition von Mineralien haben kann, erlebte ich vor einiger Zeit selbst. Die Kamele eines Tiergeheges litten an Kupfermangel, so die Diagnose des Tierarztes. Die Reaktion der Tierpfleger war prompt. Sie boten den Kamelen Kupferstangen zum Lecken an. Das war ein Schuss nach hinten, denn reines Kupfer ist giftig. Glücklicherweise verschmähten die Kamele das Angebot. Mineralien benötigen alle Lebewesen, und sie haben vielfältige Aufgaben. Ohne Mineralien läuft nichts in einem Körper. Wichtig ist nur ein Gleichgewicht – nicht zu viel und nicht zu wenig.

ERNÄHRUNGSPLAN FÜR IHRE WELLENSITTICHE

GEBEN SIE DEN VÖGELN TÄGLICH

Frisches Körnerfutter:	Zwei Teelöffel Körnerfutter pro Sittich. Prüfen Sie, ob diese Menge ausreicht, wenn Ihre Vögel viel Bewegung haben.
Frisches Wasser:	Muss immer in ausreichender Menge vorhanden sein
Grünfutter nach Jahreszeit:	z. B. Löwenzahn, Vogelmiere, Hirtentäschel, Wegerich, Weidelgras und Kräuter wie ungespritzte Petersilie, Basilikum oder Kresse
Zweige mit Blattknospen:	z. B. Weide, Birke, Pappel, Linde, Nadelhölzer
Gemüse nach Jahreszeit:	Brokkoli, Blumenkohl, Möhren, Gurke, Kohlrabi, Grünkohl, Spinat, Zucchini, Kopfsalat, Endiviensalat
Obst nach Jahreszeit:	Äpfel, Birnen, Aprikosen, Bananen, Weintrauben, Orangen
Kolbenhirse:	ein kleines Stück

Hinweis: Zum Naschen gibt es höchstens einmal in der Woche etwas. Achten Sie dabei auf Leckerbissen mit möglichst wenig Zucker und Honig.

Vitamine 4

Wellensittiche haben einen hohen Stoffwechsel. Sie dürfen **keinesfalls hungern**. Besser fettreiche Leckereien weglassen und mehr Flugrunden genehmigen.

Man schätzt, dass Wellensittiche in etwa zwischen 0,6 bis 1 % der täglichen Futterration an Kalksalzen benötigen. Ihren Mineralkonsum können die Sittiche kaum durch Körnerfutter decken, daher ist es wichtig, den Vögeln Kalksteine, Grit und frischen Vogelsand zu bieten. Mineralien müssen immer zur freien Verfügung stehen.

Hinweis: Lange rätselte man, warum wild lebende Aras, die großen Verwandten der Wellensittiche, an sandigen Steilhängen in Peru regelmäßig Erde fressen. Inzwischen wissen wir, dass sie so ihren Mineralbedarf decken und gleichzeitig den übersäuerten Magen neutralisieren und entgiften. Jetzt biete ich meinen Wellensittichen Löwenzahn, Hirtentäschel und andere Pflanzen samt Wurzel und Erde an. Meine Vögel picken gern in der Erde und untersuchen sie neugierig.

Vitamine sind für den Stoffwechsel wichtig

Vitamine sind Stoffe, die ein Organismus nicht selbst herstellen kann. Menschen und Tiere müssen sie in kleinen Mengen mit der Nahrung aufnehmen. Vitamine oder zumindest ihre Ausgangsstoffe werden von Pflanzen produziert. Ohne Vitamine sind lebenswichtige Stoffwechselvorgänge des Körpers gestört. Vitaminmangel führt zu Erkrankungen. Wie viele Vitamine ein Sittich braucht, ist individuell und abhängig von Leistung und Belastung wie beispielsweise Mauser, Wachstum und Brut. Um welch kleine Mengen an Vitamingaben es sich dabei handelt, sei am Vitamin A illustriert. Ein Sittich braucht nach wissenschaftlichen Untersuchungen täglich nur ein 12000stel Gramm. Daher ist es wichtig, bei der Verabreichung von Vitamintropfen die genau vorgeschriebene Menge einzuhalten. Wichtig ist auch der Aufbewahrungsort, denn Vitamine sind empfindlich. Sie können durch Hitze, Sauerstoff, UV-Licht oder durch Säuren zerstört werden. Da Pflanzensamen Vitamine nur in kleinen Mengen oder gar nicht erhalten, müssen Sie unbedingt Grünkost füttern. Grüne Pflanzen und Möhren (Vitamin A) enthalten die notwendigen Vitamine. Am besten untersucht bei Vögeln sind Vitamin A, die Vitamine des B-Komplexes, die Vitamine D und E. Es gibt noch mehr Vitamine, aber sie alle hier zu nennen, führt zu weit. Hier noch stichwortartig die Aufgabe der genannten Vitamine, damit Sie erkennen können, wie wichtig sie für den Vogel sind.

▸ Vitamin A: sorgt für Wachstum und stärkt die Abwehr. Es löst sich nur in Fett. Es kann also nicht in Wasser verabreicht werden.
▸ Vitamin-B-Komplex: Eine Gruppe von Vitaminen, die beim Auf- und Abbau von Stoffen im Körper mithelfen. Ohne ihre Hilfe können beispielsweise Nahrungsstoffe nicht abgebaut werden. Vitamin B_1 spielt auch in den Nervenzellen eine Rolle.

DAS IST GESUND UND SCHMECKT

Ein Mangel führt zu Lähmungen an Beinen und Krallen. Die Sittiche können dann nicht mehr mit den Krallen die Sitzstange umgreifen. Das ist leider der Beginn eines schrecklichen Krankheitsbildes.
▸ Vitamin D ist für die Knochenbildung wichtig. Ein Mangel an diesem Vitamin führt zu Rachitis, eine Erkrankung, bei der die Knochen nicht richtig aushärten. Vitamin D wird durch Sonnenlicht gebildet. Daher ist ein sonniges Plätzchen für die Sittiche wichtig.
▸ Vitamin E ist wichtig für die Fruchtbarkeit und den Eiweiß-, Kohlenhydrat- und Fettstoffwechsel. Vögel benötigen mehr Vitamin E als Säugetiere.

Hinweis: Mangelerscheinungen sind äußerst selten, wenn Sie Ihre Vögel entsprechend ernähren. Im Frühjahr und Sommer sind in den jungen Pflanzen sowie in Getreidekörnern Vitamine in aureichender Menge vorhanden. Im Sommer gebe ich deshalb keine Vitaminzusätze. Im Winter dagegen, wenn die Sonne weniger scheint, gebe ich zusätzlich zum Grünfutter ein Multivitaminpräparat (im Zoofachhandel erhältlich) dazu.

Grünfutter gehört auf den Speiseplan

Ihre Wellensittiche benötigen regelmäßig Grünfutter. Die Pflanzenkost enthält lebenswichtige Öle, Vitamine und Mineralien. Allerdings ist Grünfutter nicht gleich Grünfutter. Vor allem junge Pflanzen haben einen höheren Nährstoff- und Vitamingehalt. Füttern Sie deshalb am besten immer frische und junge Pflanzen.

Im folgenden Text beschreibe ich Ihnen den Speiseplan für meine kleine Vogelschar. Natürlich sind auch viele andere Kombinationen möglich. Beispielsweise gibt es eine neue Futterpflanze im Zoofachhandel, die viele Wellensittiche gern mögen. Sie ist unter der Bezeichnung »Golliwoog« erhältlich (→ Foto, Seite 36). Ich füttere – je nach Jahreszeit – folgende Grün- und Saftfutter-Mischung.

Wildpflanzen: Wegerich, Vogelmiere, Löwenzahn, Hirtentäschel, Sauerampfer, Wasserkresse, Windhafer, Gemeines Rispengras und Weidelgras.
Salat: Kopf- und Endiviensalat,
Gemüse und Kräuter: Basilikum, Petersilie, Spinat, Fenchel, Melisse, Gurke, Brokkoli, Kürbis, Paprika, Sellerie, Kohlrabi, Tomaten und Möhren.

◂ *Frische Zweige mit Blättern und Blattknospen werden nicht nur gern gefressen, sondern sorgen auch für stundenlange Beschäftigung.*

Obst: Apfel, Ananas, Birne, Aprikosen, Weintrauben, Himbeeren und Kiwi.
Unbekömmlich: Avocado (giftig!), rohe Kartoffeln, Zitrone, Rhabarber, Pflaume und Kohl.
Achtung: Futterpflanzen nicht an Straßenrändern sammeln. Die Pflanzen sind durch Autoabgase schadstoffbelastet. Flächen meiden, auf denen Herbizide und Pestizide eingesetzt wurden. Empfehlenswerte Sammelplätze: z. B. Brachflächen und verwilderte Grundstücke.

Es ist »angerichtet«

Wie füttert man Sittiche? Sicher eine seltsame Frage. Die meisten Wellensittiche bekommen ihr Futter – aus hygienischen Gründen – im Napf angeboten. Würde man jedoch die Vögel fragen, dann hätten sie ihr Futter am liebsten so »angerichtet« wie ihre wilden Verwandten. Fressen ist bei Sittichen ein sozialer Akt. Beginnt einer zu fressen, folgen die anderen sofort. Genauso ist es bei meinen Tieren in der Voliere.
Körnerfutter: Ich verstreue die Körner auf dem Boden, sodass die kleinen Papageien das Futter suchen müssen und aufpicken können. Zur Sicherheit habe ich immer noch einen gefüllten Futternapf in der Voliere. Wenn die kleine Vogelschar wählen kann, trippelt sie pickend auf dem Boden entlang. Der Futternapf kommt erst später zum Einsatz, sollte der Hunger noch nicht völlig gestillt sein. Selbstverständlich können Sie kein Futter auf dem Boden des Zimmers verstreuen, aber verteilen Sie doch einfach einmal zwei bis drei flache Schälchen mit Futter im Zimmer. Das ist zwar nicht das Gleiche wie das gemeinsame Picken, fördert aber die Neugierde. Um keine Missverständnisse

CHECKLISTE

Fütterungsregeln

Damit Ihre Wellensittiche gesund bleiben, sollten Sie unbedingt folgende Regeln bei der Fütterung der Vögel berücksichtigen.

- ○ Trockenfutter dunkel und luftig lagern.
- ○ Auf das Verfallsdatum von Fertigfutter achten (→ Seite 70).
- ○ Leere Samenhülsen mithilfe eines Löffels aus dem Futternapf entfernen.
- ○ Grünfutter, Obst und Gemüse mehrmals mit lauwarmem Wasser abspülen.
- ○ Füttern Sie Ihre Vögel nicht mit verwelkter und angefaulter Grünkost. Verdorbenes Futter kann Darmprobleme und Durchfall verursachen.
- ○ Kein gefrorenes oder eiskaltes Futter anbieten.
- ○ Obst und Gemüse zerteilen, damit die Vögel besser Teile herauspicken können.
- ○ Grünfutter eher morgens füttern, und abends die Reste entfernen.
- ○ Täglich frisches Trinkwasser muss immer zur Verfügung stehen.
- ○ Fetthaltige Leckereien nicht öfter als einmal in der Woche geben (→ Seite 78).
- ○ Gewürzte Speisen vom Esstisch sind kein Wellensittich-Futter.

DAS IST GESUND UND SCHMECKT

MEIN HEIMTIER

Was schmeckt Ihrem Sittich am besten?

Wellensittiche sind keine Feinschmecker, aber dennoch können sie Vorlieben entwickeln. Einer meiner Vögel war ganz verrückt nach Kaffeegeschmack. Verteilen Sie kleine Schälchen mit Obst, Salat und Gemüse im Zimmer.

Der Test beginnt:
Schicken Sie Ihren Kandidaten auf die Suche nach seinem Lieblingsfutter. Verstecken Sie die Schälchen so, dass er sie nicht auf den ersten Blick erspäht. Beobachten sie nun mehrere Male hintereinander, wohin der Vogel nach drei bis vier Versuchen zuerst fliegt. Fliegt er die ersten beiden Male zum gleichen Schälchen, könnte das Zufall sein, denn er muss ja erst lernen, wo sich sein Lieblingsfutter befindet.

Mein Testergebnis:

aufkommen zu lassen: Die Futterschälchen sind nur als Extraration gedacht. Sie sind kein Ersatz für den gefüllten Futternapf im Käfig.
Obst und Gemüse: Zerteilen Sie Obst und Gemüse in Schnitze, damit die Vögel sich besser Stücke herauspicken können (→ Checkliste, Seite 77).
Grünfutter: Bieten Sie es entweder im Futternapf an oder binden Sie kleine Sträuße, die am Käfiggitter befestigt werden. So müssen sich die Vögel das Futter »erarbeiten« und machen dabei gleich ein paar Fitnessübungen.

Knabberkost

Naturzweige sind ein Muss für Ihre Wellensittiche. An ihnen lässt sich herrlich nagen und man nimmt ganz nebenbei wertvolle Mineralien und Vitamine auf. Sittiche mögen Weide, Linde, Pappel, Birke, Esche, Nadelhölzer und Haselnuss. Das Nagen verhindert auch, dass der Schnabel übermäßig lang wird und spart somit einen Besuch beim Tierarzt.

Leckeres für zwischendurch

Kolbenhirse ist der Hit bei den meisten Wellensittichen. Häufig wird empfohlen, Kolbenhirse nur sparsam an die Vögel zu verfüttern, weil sie recht fettreich ist. Doch Kolbenhirse ist hochwertige Nahrung, mit der man auch schwache und kränkliche Tiere aufpäppeln kann. Ich plädiere deshalb dafür, dass die Vögel täglich ein kleines

Stück davon bekommen. Wenn Ihre Wellensittiche genug Bewegung haben, schadet das nicht ihrer Figur. Meine 28 Vögel bekommen täglich sechs bis acht Stangen Kolbenhirse.

Gönnen Sie Ihren Sittichen auch mit ruhigem Gewissen ab und zu eine Knabberstange mit Kiwi, Obst und Körnern in Honig oder Zuckerlösung. Allerdings sind diese Leckereien tatsächlich Kalorienbomben und dürfen nur sparsam gegeben werden.

Das richtige Getränk

Bieten Sie Ihren Wellensittichen täglich frisches Trinkwasser an. Ihr Wasserbedarf ist abhängig von der Temperatur, der Luftfeuchtigkeit und der Nahrung. Manches Futter enthält mehr, anderes weniger Wasser. Unter wissenschaftlich standardisierten Bedingungen benötigt ein Wellensittich 3 bis 5 ml Wasser pro Tag bei normaler Kost. Das sieht nach wenig aus. Doch wenn man bedenkt, dass in seinem Blutgefäßsystem 6 ml Blut fließen ist das nicht so wenig. Ein Mensch mit 5 bis 6 Litern Blut trinkt auch nicht mehr als drei Liter Wasser.

Giftig und gefährlich

Je zahmer ein Wellensittich ist, desto frecher wird er auch. Mit Begeisterung knabbert er an Pflanzen, Bleistiften, Kugelschreibern und macht selbst vor Minibatterien nicht Halt. Entfernen Sie deshalb alle schädlichen und giftigen Objekte aus dem Sittichzimmer (→ Checkliste, Seite 37). Ob eine Zimmerpflanze giftig für Wellensittiche ist, weiß man nicht immer. Im Zweifelsfall entfernt man sie. Die folgenden Pflanzen sind gesundheitsschädlich: Avocado, Aronstab, Christrose, Christusdorn, Dieffenbachie, Efeu, Eibe, Fingerhut, Goldregen, Hundspetersilie, Hyazinthe, Gartenwolfsmilch, Lobelie, Lorbeerbaum, Mistel, Maiglöckchen, Narzisse, Oleander, Primel, Rittersporn, Sonnenwend-Wolfsmilch, Stechapfel, Tollkirsche, Weihnachtsstern (→ Adressen im Internet, Seite 141).

Auch Pflanzen mit Stacheln und Dornen, wie beispielsweise Kakteen und Stechpalme, sollten für die Vögel nicht erreichbar sein. An ihnen können sich die Tiere schwer verletzen.

Ein extra Frischkostteller für Wellensittiche. Hier lebt man doch wie »Gott in Frankreich«.

Gut gepflegt und rundum gesund

Ein sauberes Heim und eine gute Pflege sind das A und O für die Gesundheit Ihrer Wellensittiche. Wird einer Ihrer Vögel dennoch krank, zögern Sie nicht, ihn sofort einem Tierarzt vorzustellen.

Sauberkeit ist oberstes Gebot

Die meisten Krankheiten entstehen durch Haltungsfehler und ein unsauberes Vogelheim. Reinigen Sie deshalb Käfig und Voliere in regelmäßigen Abständen. Ihre Wellensittiche werden es Ihnen mit Gesundheit danken.

HYGIENE WIRD IN DER NATUR großgeschrieben. Nur ganz selten findet man in der freien Wildbahn verkotete oder verdreckte Plätze. Der Schmutz wird um- oder abgebaut. Die Reinigungskolonne in Form von Mikroorganismen ist ständig unterwegs. Hygiene ist überlebenswichtig und garantiert das Fortbestehen einer Tierart. Wird das Gleichgewicht der Mikroorganismen jedoch gestört, nehmen die Krankheitserreger zu und gefährden die Tiere. Wer die Natur als Lehrmeister nimmt, sieht rasch ein, warum Käfig und Voliere regelmäßig gereinigt werden müssen.

Körperpflege – eine wichtige Angelegenheit

Die ausgiebige Gefiederpflege ist eine angeborene Verhaltensweise, die täglich viel Zeit in Anspruch nimmt. Wer seine Wellensittiche beobachtet, stellt fest, dass sie sich im Laufe eines Tages einige Stunden putzen. Natürlich nicht ununterbrochen, aber fast jede Handlung, ob Nahrungsaufnahme, Schlafen, Beschäftigen mit dem Partner, wird mit einigen Minuten Putzen beendet. Der Grund ist überlebenswichtig: Mit verklebten, schmutzigen Federn fliegt es sich schlecht. Bei einer Fluggeschwindigkeit von 45km/h verbrauchen die Sittiche die geringste Menge an Sauerstoff und damit an Energie. Energiesparen gelingt aber nur, wenn das Gefieder in Topform, also sauber ist. Außerdem schützt ein gepflegtes Gefieder vor Kälte und Nässe.

Der Schnabel dient dem Sittich als Vielzweckreinigungsgerät, mit dem er jedes Federchen seines schönen Gefieders perfekt in Schuss hält. Akribisch glättet er die Federn und entfernt Schmutzteilchen und Staub. Mit akrobatischer Geschicklichkeit dreht und wendet sich der Sittich, um selbst die langen

Der Schnabel und die Zunge sind die beiden wichtigsten »Werkzeuge« für die Gefiederpflege.

GUT GEPFLEGT UND RUNDUM GESUND

1 Krallen schneiden. Das ist für Vögel eine unangenehme Prozedur. In die Hand genommen zu werden, versetzt sie in große Angst.

2 Verletzungsgefahr. Beim Schneiden der Krallen können Blutgefäße, die in der Kralle verlaufen, verletzt werden. Lassen Sie sich das Krallenschneiden das erste Mal am besten von einem Tierarzt zeigen.

3 Baden. Ein Bad in den feuchten Salatblättern ist gar nicht schlecht. Machen Sie Ihren Vögeln doch auch einmal dieses Angebot.

Schwanz- und Schwungfedern durch den Schnabel gleiten zu lassen. Selbst die unbefiederten Füße und Zehen beknabbert der Vogel, um Hautschüppchen und Schmutz zu entfernen. Lediglich Kopf- und Halsregion werden mit den Zehen bearbeitet. Auch das Sich-Kratzen gehört zur Körperpflege. Es ist in gewissem Sinn die »Grobreinigung«, die die Gefiederpflege mit dem Schnabel ergänzt. Aber hier hat der Wellensittich eine Besonderheit zu bieten, wie die amerikanische Biologin Barbara Brockway beobachtete. Am Kopf kratzt sich der Sittich mit der längsten Zehe und Kralle, an den seitlichen Körperpartien und der Kloake dagegen benutzt der Vogel das Gelenk zwischen Mittelfuß und Zehe. Ganz schön schlau, denn so schützt sich der Vogel vor Verletzungen im empfindlichen Kloakenbereich.

Die Pflege der Vögel

Bei der Wellensittich-Pflege müssen Sie am Vogel selbst kaum »Hand anlegen«. Doch beobachten Sie Ihre Tiere täglich genau. Nur so können Sie Krankheitsanzeichen frühzeitig feststellen.
Krallen: Überprüfen Sie regelmäßig die Länge der Krallen. Zu lange Krallen können für den Vogel gefährlich werden. Er kann damit in Textilien, am Gitter oder in Ritzen hängen bleiben. Lassen Sie sich das Krallenschneiden vom Tierarzt zeigen. Falls Sie die Krallen selbst schneiden, nehmen Sie den Vogel so in die Hand, wie im Foto oben gezeigt. Halten Sie die einzelnen Zehen gegen eine helle Lampe. Die Blutgefäße im Horn sind dann deutlich sichtbar. Das zu lange Horn bis kurz vor Beginn der Blutgefäße von schräg oben nach

unten abschneiden (→ Tipp, unten). Sitzstangen aus Naturzweigen verschiedener Stärke sorgen dafür, dass die Krallen kurz bleiben.
Schnabel: Der Schnabel dient dem Vogel als Messer, Gabel und Löffel. Er benutzt ihn sogar als »dritten Fuß« beim Klettern. Die Schnabelspitze des Sittichs splittert von Zeit zu Zeit feinblättrig ab. Das ist nichts Außergewöhnliches, sondern ein normaler Vorgang bei der Erneuerung des Schnabels. Problematisch wird es, wenn der Schnabel zu lang wird. Besonders bei Männchen wächst der Oberschnabel übertrieben schnell. Die Ursachen können vielfältig sein und manchmal steckt eine schwere Erkrankung dahinter (→ Seite 88). Was auch immer die Ursache ist, der Schnabel muss auf alle Fälle gekürzt werden. Zu lange Schnäbel sind für die Tiere eine Qual. Ich empfehle, das Kürzen unbedingt einem Tierarzt zu überlassen.
Hinweis: Häufig ist fehlendes Nagematerial der Grund für übermäßiges Schnabelwachstum. Die Vögel können ihren Schnabel nicht abwetzen. Geben Sie Ihren Sittichen deshalb Zweige, Äste und Vierkanthölzer, an denen sie nagen können (→ Seite 78).

Hausputz im Käfig

Täglich: Futternäpfe mit heißem Wasser ausspülen und abtrocknen. Achten Sie darauf, dass im Käfig keine alten Frischfutterreste vor sich »hingammeln«. Sie sind der ideale Nährboden für Pilze, Bakterien und Einzeller.
Wöchentlich: Einmal pro Woche den Käfig gründlich reinigen. Während des Säuberns genießen die Vögel den Freiflug. Nehmen Sie die Sitzstangen und das Spielzeug aus dem Käfig. Spülen Sie alles mit heißem (!) Wasser ab. Verwenden Sie kein Spülmittel! Entfernen Sie die angetrockneten Kotreste, um eine Übertragung von Bakterien und Viren zu verhindern. Entsorgen Sie den alten Vogelsand und erneuern Sie ihn komplett. Das ist wichtig für die kleinen Papageien, denn einen Teil der benötigten Mineralien picken sie darin auf. Außerdem unterstützen die Mineralien die Verdauung, indem sie im Kropf die Samen zermahlen. Mit Freude stürzen sich die Vögel auf den neuen Sand. In meiner Voliere ist dies jede Woche ein kleines Schauspiel. Von der Sitzstange aus verfolgen sie meine Arbeit. Schon beim ersten Einstreuen des Sandes fliegen sie auf den Boden und trippeln im frischen Sand.
Monatlich: Einmal im Monat wird der gesamte Käfig einschließlich Bodenwanne mit heißem Wasser abgeduscht und anschließend gut getrocknet.
Hinweis: Vergessen Sie nicht, auch die anderen beliebten Aufenthaltsplätze Ihrer Wellensittiche wie z. B. den Vogelbaum oder die diversen Lieblingsplätze im Zimmer zu reinigen.

> **TIPP**
>
> ### Verletzung beim Krallenschneiden
>
> Wenn die Krallen Ihrer Vögel zu lang sind, sollten Sie sich das Krallenschneiden zunächst von einem Tierarzt zeigen lassen. Passiert es jedoch trotz aller Vorsicht, dass Sie das Blutgefäß einer Kralle verletzen und ein wenig Blut austritt, wird die Blutung mit einer blutstillenden Watte gestoppt.

GUT GEPFLEGT UND RUNDUM GESUND

Abschied nehmen

Mein 8-jähriger Sohn liebt unsere beiden Wellensittiche Nicki und Pia sehr. Leider sind die beiden schon 10 Jahre alt und damit recht betagt. Wie können wir unseren Sohn am besten trösten, wenn die Vögel sterben?

ES TUT IMMER WEH, wenn ein geliebter Mensch oder ein geliebtes Tier stirbt, das über viele Jahre in der Familie gelebt hat. Wellensittiche werden als Heimtiere 10 bis 12 Jahre alt. Wenn Ihre beiden Vögel bereits 10 Jahre gesund und munter mit Ihnen verbracht haben, lässt das darauf schließen, dass die Wellensittiche ein glückliches Leben führen durften. Das ist eine gute Ausgangsposition, um Ihren Sohn vorsichtig in Gesprächen auf den Tod seiner geliebten Vögel vorzubereiten. Der Tod eines Lebewesens gehört nun einmal zum Leben und ist eine unausweichliche Tatsache. Doch es spendet Trost, wenn man weiß, dass ein Leben, wie im Fall Ihrer Wellensittiche, erfüllt und gut war.

Trauer zulassen

Wahrscheinlich sterben Ihre beiden Wellensittiche nicht zusammen, sondern erst der eine und dann der andere. Lassen Sie zu, dass Ihr Sohn um seinen toten Wellensittich trauert. Es ist nicht gut, sofort zur Tagesordnung überzugehen oder am gleichen Tag einen »Ersatzvogel« anzuschaffen. Auch der hinterbliebene Wellensittich wird um seinen Partner trauern. Gesellen Sie ihm vielleicht in den nächsten Tagen einen Artgenossen dazu – am besten geich zwei Jungvögel, damit nicht wieder einer allein bleibt, wenn der andere Wellensittich stirbt.

Den toten Vogel beerdigen

Den meisten Menschen gibt es Trost, die Grabstelle des gliebten Menschen oder Tieres besuchen zu können. Deshalb sollten Sie auch – zusammen mit Ihrem Sohn – den toten Wellensittich beerdigen. Einen Wellensittich darf man im Garten begraben, vorausgesetzt, er ist nicht an einer meldepflichtigen Krankheit gestorben (→ Seite 91). Der Garten darf nicht in einem Wasserschutzgebiet liegen, und zu öffentlichen Wegen und Plätzen muss ein Abstand von ein bis zwei Metern eingehalten werden. Der tote Vogel muss von einer 50 cm hohen Erdschicht bedeckt sein. Wenn Sie keinen Garten besitzen, können Sie den Vogel auch in einem Tierkrematorium einäschern lassen. Für Kinder ist solch ein Abschiedsritual ungeheuer wichtig, denn auf diese Wiese können sie das traurige Erlebnis wesentlich besser verarbeiten. Die kleine Grabstelle wird von Kindern häufig gern geschmückt und gepflegt, können sie doch so auch ihrem toten gefiederten Freund noch ihre Zuneigung beweisen.

Hausputz in der Voliere

Wie oft Sie Ihre Voliere reinigen, hängt natürlich von ihrer Größe und der Anzahl der Tiere ab. Für meine Voliere mit 28 Wellensittichen hat sich folgender Pflegeplan bewährt.

Täglich: Futtergefäße täglich oder zumindest mehrmals wöchentlich mit heißem Wasser reinigen und gut trocknen. Suchen Sie innerhalb der Voliere für die Futter- und Wassernäpfe einen Platz, der für die Vögel leicht anzufliegen ist und der vor Kotbefall schützt. Immerhin lässt ein Wellensittich alle 15 bis 25 Minuten ein Kotbällchen fallen. Kot im Wasser oder Futter ist ein gefährlicher Ansteckungsherd für Krankheiten. Entfernen Sie alle Frischfutter-Reste.

Wöchentlich: Säubern Sie den ausgestreuten Vogelsand von Kotresten. Mein Tipp: Kaufen Sie sich dafür ein großes Sieb und sieben Sie den verschmutzten Sand durch. Die Kotbällchen bleiben im Sieb hängen und der Sand rieselt durch. So wird der Sand gereinigt. Befreien Sie mithilfe einer Bürste die Sitzstangen und sonstige Einrichtungsgegenstände von Kot.

Monatlich: Einmal im Monat ist Großputz angesagt. Der Vogelsand wird vollständig erneuert. Die alten Zweige und Äste werden entfernt und durch neue ersetzt. Die fest eingebauten Sitzstangen mit einer Drahtbürste und heißem Wasser reinigen.

Die Mauser

Viele Vogelhalter erschrecken, wenn ihr Vogel plötzlich Federn verliert. Kein Grund zur Beunruhigung. Das ist ein natürlicher Vorgang, bei dem alte Federn durch neue ersetzt werden. Diesen Federwechsel nennt man Mauser. Die Mauser ist also keine Krankheit. In dieser Phase sind die Sittiche jedoch anfälliger gegen Krankheiten. In jedem Fall sollten die Sittiche während der Mauser vor Temperaturschwankungen, Zugluft und Stress besonders geschützt werden.

Körperpflege im Duett. Zu zweit macht das doch gleich viel mehr Spaß.

Anders als bei Wildvögeln ist die Mauser bei Wellensittichen nicht an Jahreszeiten gebunden, auch mehrmaliger Federwechsel im Jahr kommt vor, aber dennoch haben gesunde Sittiche damit keine Probleme. Sie putzen sich nur häufiger. Erleichtern kann man ihnen die Prozedur mit »Mauserhilfe«, einem kalzium- und phosphatreichen Präparat aus dem Zoofachhandel. Achten Sie auf den Zustand des Gefieders. Denn es wird erst dann besonders schön und glänzend, wenn man den Sittichen die Möglichkeit gibt, im Regen ihre Flügel zu spreizen und sich aufzuplustern. Der Regen dringt dann bis auf die Haut und befreit sie von Staubteilchen.

Für den Vogel ist der Regenschauer etwas Ähnliches wie für uns die tägliche Dusche. Bei den ersten Regentropfen verlässt meine Vogelschar ihre trockenen Plätze und lässt sich genussvoll von der Naturdusche beregnen. Jeder nach seinem Geschmack, der eine mehr, der andere weniger. Hinterher wird dann das Gefieder ausgiebig geputzt. Gönnen Sie auch Ihren Wohnungsvögeln ruhig einmal das Vergnügen in den wärmeren Jahreszeiten. Stellen Sie den Käfig samt Vögel (ohne Futter und Sand) für mindestens 15 Minuten in den sanften Regen. Keine Angst, Ihre Piepmätze werden sich nicht erkälten, wenn sie hinterher in einen zugfreien Raum kommen. Übrigens ist eine Dusche aus der Blumenspritze nicht das Gleiche wie natürlicher Regen.

Hält Ihr Wellensittich sein Gewicht?

Das Gewicht eines Wellensittichs sagt etwas über seinen Gesundheitszustand aus. Hat der Sittich kein sichtbares Übergewicht und »hält die Figur«, ist das ein gutes Zeichen. Verliert er in kurzer Zeit einige Gramm, sollten Sie ihn genauer beobachten.

Der Test beginnt:

Wiegen Sie Ihren Wellensittich mit einer Küchenwaage. Das ist einfacher als Sie denken. Stellen Sie ein Futterschälchen mit etwas Kolbenhirse auf die Waage. Wiegen Sie Schälchen samt Inhalt, und notieren Sie das Gewicht. Führen Sie den Vogel vorsichtig auf der Hand zur Waage. Wenn der Sittich Hunger hat, wird er nicht zögern, auf die Waage zu hopsen. Nun notieren Sie das Gewicht. Bleibt es in etwa konstant, ist alles in Ordnung.

Mein Testergebnis:

Häufige Krankheiten

Wellensittiche sind stille Patienten, denen man eine Krankheit nicht so schnell anmerkt. Deshalb ist es wichtig, dass Sie Ihre Vögel täglich genau beobachten. Nur eine rasche Behandlung rettet in den meisten Fällen das Leben der kleinen Papageien.

WELLENSITTICHE SIND wie ihre wilden Vettern in Australien recht robust. Aber auch sie können erkranken. Deshalb ist es wichtig, die Vögel täglich genau zu beobachten und bei ersten Krankheitsanzeichen sofort den Tierarzt aufzusuchen.

»Schwierige« Patienten

Für den Tierarzt sind Wellensittiche schwierige Patienten. Und das liegt daran, dass die Vögel sehr klein sind und einen enorm hohen Stoffwechsel haben. Ein paar Zahlen verdeutlichen dies. Das Herz wiegt etwa 0,58 Gramm (Mensch: 300 Gramm). Das gut halbe Gramm schwere Herz des Wellensittichs schlägt sage und schreibe 300 bis 500 Mal in der Minute (→ Seite 12). Das Blutvolumen schwankt zwischen 4 und 6 Milliliter. Nimmt man nun solch einem Winzling Blut ab, zählt jeder Tropfen. Das ist Schwerstarbeit für einen Tierarzt. Kein Wunder also, dass sich manche damit überfordert fühlen. Suchen Sie für Ihren Sittich einen Tierarzt, der Erfahrung mit Wellensittichen hat. Scheuen Sie nicht die Kosten, meist ist der Arztbesuch nicht teuer. Verlieren Sie keine Zeit, denn so ein kleiner Vogel kann leicht in Lebensgefahr kommen.

Krankheitsanzeichen erkennen

Es ist nicht einfach zu erkennen, ob der Wellensittich krank ist. Darum hier einige Veränderungen, die auf eine Krankheit schließen lassen:
- Ist der Vogel schläfriger, weniger aktiv, zieht er sich zurück?
- Hat er sein Fressverhalten verändert? Trinkt er mehr Wasser als früher? Ist der Kot dünnflüssiger, und hat er seine Farbe verändert?
- Setzt der Sittich weniger Kotbällchen als gewohnt ab?
- Sitzt der Vogel mit aufgeplustertem Gefieder in einer Käfigecke?
- Läuft seine Nase? Sind seine Augen geschwollen?
- Würgt er Schleim aus dem Kropf?
- Ist sein Gefieder matt und schuppig?

Erste Maßnahmen bei Krankheitsverdacht

Trennen Sie den erkrankten Vogel von seinen Artgenossen. Setzten Sie ihn in einen Ersatzkäfig, aber so, dass er die anderen noch hören und sehen kann. Das schützt ihn vor Stress und die anderen Tiere vor Ansteckung. Der kurzzeitige Verlust der Vogelpartner muss in Kauf genommen werden, doch der kranke Vogel ist meist so geschwächt, dass Artgenossen nur stören.

Beobachten Sie, wie viel das kranke Tier trinkt und frisst und ob es Durchfall hat. Wärmestrahlen haben bei meinen Sittichen als Soforthilfe-Maßnahme schon »Wunder vollbracht«. Geeignete Infrarotlampen mit 200 Watt sind im Zoofachhandel oder Elektrogeschäft erhältlich. Stellen Sie die Lampe etwa 50 cm enfernt vom Käfig auf. Bestrahlen Sie nur eine Käfighälfte, sodass der Sittich selbst wählen kann, welche Temperatur für ihn angenehm ist.

Der Gang zum Tierarzt

Transportieren Sie Ihren Vogel im »Krankenkäfig«. Vermeiden Sie Stress wie Lärm und Hektik. Entfernen Sie Futter- und Trinkgefäße. Schlagen Sie den Käfig in eine Decke ein.
Hinweis: Säubern Sie den Käfig nicht, damit der Tierarzt Kotproben entnehmen kann.

Haut- und Gefiedererkrankungen

Sie können vielfache Ursachen haben. Häufig sind es Parasiten, die direkt die Haut befallen. Man nennt sie Ektoparasiten. Aber auch Stoffwechselstörungen der inneren Organe oder Parasiten, die im Organismus leben (Endoparasiten), können die Ursache von Hauterkrankungen sein. Der Befall von Ektoparasiten ist oft auf Haltungs- und Ernährungsfehler zurückzuführen. Die häufigsten Ektoparasiten sind Milben, Federlinge und Pilze.

Milben

Milben können für Wellensittiche gefährlich werden. Milben gehören zu den Spinnentieren, und sie ernähren sich von Hautteilchen und Lymphflüssigkeit.

Grabmilbe: Sie bohrt siebartige Gänge in die Haut und den Schnabel des Sittichs. Der Vogelorganismus reagiert darauf mit hornartigen Wucherungen. Diese Art des Milbenbefalls nennt man Sittichräude. Hautmilben (*Cnemidocoptes*) können bereits seit der Nestlingszeit im Vogelkörper leben. Aber erst wenn der Körper z. B. durch Stress geschwächt ist, schädigen sie den Vogel. Bricht bei einem Vogel die Sittichräude aus, sollten Sie sofort einen Tierarzt aufsuchen. Die betroffenen Stellen müssen über einige Tage mit einer speziellen Lösung vom Tierarzt oder Rizinusöl behandelt werden. Die Bohr- und Fressgänge der Grabmilbe werden bei dieser Behandlung geschlossen, sodass der Parasit stirbt. Da die Räude nur bei geschwächten Vögeln auftritt, sollte man den Allgemeinzustand des Wellensittichs gut beobachten und ihn mit Vitaminpräparaten über das Trinkwasser versorgen. Sind die Füße des Wellensittichs von der Räude befallen, muss der Ring entfernt werden, da es durch anschwellende Beläge zu Gefäßstauungen und zum Absterben des beringten Fußes kommen kann.

Rote Vogelmilbe: Sie befällt den Vogel nur nachts und saugt ihm Blut aus. Der Vogel ist dann sehr unruhig. Brütende Weibchen und die Küken sind ständig von der Roten Vogelmilbe (*Dermanyssus gallinae*) bedroht, weil es im Brutkasten immer dunkel ist. Bei erwachsenen Vögeln kann das Saugen dieses Parasiten zur Blutarmut führen. Küken können so geschwächt werden, dass sie sterben. Um die Parasiten nachzuweisen, decken Sie ein weißes Tuch über Käfig und Brutkasten. Bei Tagesbeginn sehen Sie deutlich die roten Parasiten auf der Unterseite des Tuches, die sich tagsüber

Haut- und Gefiedererkrankungen

1 Richtig halten. So wird der Vogel fixiert, wenn er behandelt werden muss. Drücken Sie dabei aber nicht zu fest zu.

2 Wattestäbchen sind sehr hilfreich, wenn beispielsweise eine Salbe oder eine Lösung aufgetragen werden muss. Hier wird gerade die empfindliche Nasenhaut des kleinen Papageis behandelt.

3 Flüssige Medikamente werden am besten mit Hilfe einer Pipette – nach genauer Anweisung des Tierarztes – verabreicht.

in dunkeln Nischen, Holzritzen oder sonstigen Verstecken verkriechen. Auch hier empfehle ich, einen Tierarzt zu Rate zu ziehen. Er gibt Ihnen ein geeignetes Desinfektionsmittel.

Federlinge

Wie ihr Name schon verrät, leben diese flügellosen Insekten im Gefieder und ernähren sich von den Federn des Sittichs. Sie pflanzen sich auch im Gefieder fort und kleben ihre Eier (Nissen) an die Federäste. Federlinge (*Mallophagen*) kommen bei Wellensittichen, die im Haus leben, nur selten vor. Sie befallenen vor allem Wildvögel. Befallene Vögel sehen zerrupft und zernagt aus. Die Sittiche kratzen sich vermehrt, weil die Plagegeister jucken. Bei Verdacht auf Federlinge suchen Sie am besten einen Tierarzt auf.

Hautpilze

Sie befallen Mensch und Tier und sind nicht leicht zu behandeln. Auch bei Wellensittichen handelt es sich um hartnäckige Erkrankungen. Die Vögel haben einen starken Juckreiz, den sie durch Kratzen oder Ausreißen der Federn an der betroffenen Stelle zu lindern versuchen. Manche Pilzarten greifen die Federn an, dadurch fehlt ihnen die einheitliche, glänzende Farbe. Zögern Sie nicht, den Tierarzt aufzusuchen, denn Hautpilze sind auch auf den Menschen übertragbar. Nur der Tierarzt kann eine exakte Diagnose stellen, indem er eine Pilzkultur anlegt.

Viruserkrankungen

An dieser Stelle möchte ich nur auf zwei Viruserkrankungen eingehen.

GUT GEPFLEGT UND RUNDUM GESUND

Gehen Sie bei ersten Krankheitsanzeichen eines Vogels **sofort zum Tierarzt**. Wellensittiche sind kleine Vögel, deren Organismus Krankheiten nicht lange verkraftet.

Französische Mauser

Im Gegensatz zur regulären Mauser ist die Französische Mauser eine Krankheit. Vögel mit dieser Krankheit werden als Renner oder Hopser bezeichnet.
Symptome: Im Alter von etwa vier Wochen verlieren die Sittiche, die eben erst ausgewachsenen Flug- und Schwungfedern. Sie können nicht fliegen, sondern nur laufen. Entweder wachsen die Federn gar nicht mehr nach oder sie fallen wieder aus. Manchmal bekommen erkrankte Tiere als Erwachsene wieder Federn.
Ursache: *Polyoma*-Viren. Wie die Viren übertragen werden, ist noch unbekannt.
Behandlung: Eine Heilung ist nicht möglich. Was bleibt, ist den Organismus optimal zu versorgen. Ziehen Sie einen Tierarzt zu Rate. Die Vögel sollten in einem geräumigen Käfig mit vielen Naturzweigen zum Klettern leben und aus der Zucht genommen werden.

PBFD

Die englische Abkürzung PBFD bedeutet »Psittacine Beak and Feather Disease«, in Deutschland wird sie auch als »Federund Schnabelkrankheit der Papageien« bezeichnet. Die Krankheit ist für Artgenossen hoch ansteckend.
Symptome: Es gibt kein klar umrissenes Krankheitsbild. Nach dem Ausbruch der Krankheit treten Wachstumsstörungen der Federn auf. Die Federn lassen sich leicht herausziehen und können Farbveränderungen zeigen. Von Mauser zu Mauser werden die Veränderungen am Gefieder stärker. Auch das Schnabel- und Krallenhorn kann sich verändern.
Ursache: *Circo*-Virus. Die Viren siedeln sich in den Organen des Lymphsystems, in den Federfollikeln und der Haut sowie in Speiseröhre und Kropf an.
Behandlung: Eine Therapie ist leider nicht möglich. Sprechen Sie mit Ihrem Tierarzt.

Kropfentzündung

Symptome: Der Vogel würgt durch Schleudern des Köpfchens trüben, bräunlichroten Schleim aus, der das Kopfgefieder verklebt. Oft ist die Kropfentzündung von Durchfall begleitet.
Mögliche Ursachen: Eine Kropfentzündung kann viele Ursachen haben, z. B. verschluckte Plastikteile oder Vergiftungen.
Behandlung: Diagnose und Behandlung nur durch den Tierarzt.

Diese beiden Wellensittiche sind gesund und munter.

Papageienkrankheit

Diese Krankheit wird auch Psittakose, Ornithose und Chlamydiose genannt. Der Erreger ist auf den Menschen übertragbar. Bei Erkrankung eines Vogels besteht Meldepflicht.
Symptome: Ein erkrankter Sittich nimmt kaum noch Nahrung auf, hat Fieber, leidet unter Durchfall, schwerer Atemnot, Nasenkatarrh und eitriger Bindehautentzündung. An Psittakose erkrankte Menschen zeigen zu Beginn der Krankheit grippeähnliche Erscheinungen. Die Ansteckung mit Chlamydien geschieht über die Luft oder mit kontaminierten Staubpartikeln.
Ursache: *Chlamydo psittaci*, eine Bakterienart.
Behandlung: Der Tierarzt kann durch eine Kotuntersuchung die Bakterien feststellen. Heute gibt es gute Medikamente, die eine erfolgreiche Behandlung versprechen, sodass befallene Wellensittiche, im Gegensatz zu früher, nicht mehr eingeschläfert werden müssen und gute Überlebenschancen haben.

Going-Light-Syndrom (GLS)

Der Name bezieht sich darauf, dass die Vögel trotz Nahrungsaufnahme immer leichter werden. GLS ist hochgradig ansteckend für Artgenossen. Die Vogelschar in einer Voliere kann stark gefährdet sein, ohne dass man es wahrnimmt, denn einige Vögel tragen den Erreger – ohne jegliche Krankheitszeichen – in sich und scheiden ihn aus. Das erhöht natürlich die Ansteckungsgefahr für die Artgenossen.
Symptome: Trotz vermehrter Futteraufnahme ein Verlust an Körpergewicht, manchmal Auswürgen eines grauen, glasigen Schleims und unverdauter Körner. Gelegentlich treten Blut und unverdaute Körner im Kot auf.
Ursache: *Macrorhabdos ornithogaster*, ein Hefepilz. Der Pilz verhindert einen regulären Abbau der Nahrung. Die Immunabwehr wird herabgesetzt, besonders die des Darms.

> **WUSSTEN SIE SCHON, DASS …**
>
> **… das Gefieder kontinuierlich erneuert wird?**
>
> Wildlebende Wellensittiche haben keine festen Mauserzeiten. Das Gefieder erneuert sich nicht »stoßweise«, sondern kontinuierlich das ganze Jahr über. Der Grund ist einfach: Die Vögel müssen jederzeit flugfähig sein, um beispielsweise bei Nahrungsmangel in ihrer australischen Heimat größere Flugstrecken zurücklegen zu können. In besonderen Notzeiten können Wellensittiche die Mauser sogar völlig einstellen.

GUT GEPFLEGT UND RUNDUM GESUND

Behandlung: Ziehen Sie unbedingt den Tierarzt zu Rate. Allerdings ist die Krankheit bisher kaum erforscht, daher gibt es noch keine wirksame Therapie.
Hinweis: Achten Sie sorgfältig auf die Hygiene. Empfohlen wird, das Trinkwasser leicht mit Ascorbinsäure und Apfelessig anzusäuern, weil die Pilze im sauren Milieu schlechter gedeihen. Füttern Sie wenig Zuckerhaltiges, denn dadurch entziehen Sie dem Pilz Nahrung.

Abzesse und Tumore

Geschwülste kommen bei Wellensittichen sehr häufig vor. Ertasten oder sehen Sie bei Ihrem Wellensittich Schwellungen, z. B. im Brustbereich, erschrecken Sie nicht gleich, denn viele Tumore und Abszesse sind harmlos und nicht bösartig.
Symptome: Lipome, kugelige Fettgeschwülste, finden sich oft in der Brustregion. Sie stören den Vogel beim Fliegen oder beeinträchtigen ihn in seiner Bewegung. Manche Lipome können bis 10 Gramm schwer werden, ein unglaubliches Gewicht, wenn man das Gesamtgewicht eines Wellensittichs von 50 Gramm, bedenkt.
Ursache: Sie ist häufig unklar und hat mit der Haltung meist nichts zu tun.
Behandlung: Diagnose und Therapie können nur durch den Tierarzt geschehen. Er wird meist eine chirurgische Entfernung in Narkose vorschlagen.

Das können Sie tun

Durchfall: Normaler Kot trocknet in wenigen Minuten zu einem harten Gebilde, das sich leicht von der Unterlage entfernen lässt. Verändern sich Konsistenz und Farbe des Kots, die Häufigkeit des Kotens, ist die Kloakenregion verschmutzt, ist größte Aufmerksamkeit gefragt. Durchfall kann sehr viele Ursachen haben. Hält er mehrere Tage an, ist ein Besuch beim Tierarzt nötig. Er wird den Kot im Labor untersuchen lassen. Bevor der Befund feststeht, empfehle ich, statt Trinkwasser verdünnten Schwarz- oder Kamillentee anzubieten und keine Grünkost zu füttern. Mischen Sie etwas zerriebene Kohletablette ins Futter. Die verklebten Federn um die Kloake mit Kamillentee säubern, um eine Entzündung zu vermeiden.
Nasensekret: Das Niesen eines Sittichs hört man kaum. Niest der Vogel häufig und läuft Nasensekret aus, ist Vorsicht geboten. Im einfachen Fall handelt es sich um eine Reaktion auf das Raumklima. Zu trockene Luft veranlasst zum

◀ Solch eine Box aus Kunststoff kann für den schonenden Transport zum Tierarzt sehr hilfreich sein und auch problemlos gereinigt werden.

Niesen. Handelt es sich aber um den Beginn einer Erkältung, ist der Tierarzt gefragt. Sorgen Sie für gleichmäßige Wärme und schützen Sie den Vogel vor Zugluft. Fließt Nasensekret aus, besorgen Sie sich aus der Apotheke milde Nasentropfen (Nasivin) und träufeln Sie einen Tropfen auf die Nasenlöcher. Setzen Sie Rotlicht ein (→ Seite 88).

Medikamente verabreichen

Wichtig bei der Gabe von Medikamenten ist das exakte Einhalten der verschriebenen Menge in den empfohlenen Abständen und der nötigen Zeitdauer. »Doktern« Sie nicht selbst an Ihrem Sittich herum. Bei den kleinen Vögeln können Behandlungsfehler tödliche Folgen haben.
Wird ein Medikament über das Trinkwasser verabreicht, darf der Vogel nicht seinen Durst an einer anderen Stelle stillen können. Wird es über das Futter gegeben, sollte das Näpfchen nie randvoll sein, da der kluge Wellensittich mit einem Schnabelstreich das Medikament aus dem Näpfchen schleudern kann. Manche Medikamente müssen über den Schnabel verabreicht werden. Dazu muss man den Vogel in die Hand nehmen (→ Foto, Seite 89). Halten Sie den Vogel leicht nach hinten geneigt und tropfen Sie ihm die nötige Menge an der Schnabelseite vorsichtig auf die Zunge. Hier sind oft Einwegspritzen ohne Nadel sehr hilfreich. Achten Sie darauf, dass der Vogel sich dabei nicht verschluckt und die Flüssigkeit in die Luftröhre gelangt. Hält der Vogel aber den Schnabel geschlossen wird es schwierig. Versuchen Sie vorsichtig den Fingernagel zwischen Ober- und Unterschnabel zu schieben und öffnen Sie dann behutsam den Schnabel. Zugegeben ein schwieriges Unterfangen, und es ist vielleicht ratsam, sich die Prozedur vom Tierarzt zeigen zu lassen.
Hinweis: Bewohnt der kranke Wellensittich einen Käfig zusammen mit einem Artgenossen, müssen Sie den Tierarzt fragen, ob sich der gesunde Vogel schadlos von dem mit Medikamenten präparierten Trinkwasser oder Körnerfutter bedienen darf. Wenn nicht, müssen Sie beide Vögel trennen. Achten Sie darauf, dass sie sich sehen und hören können. Das ist für die Psyche der kranken Wellensittiche wichtig und wirkt sich auch positiv auf die Heilung aus.

> ### CHECKLISTE
>
> ### Hausapotheke für Wellensittiche
>
> Es ist grundsätzlich wichtig und nützlich, einige Dinge für den Krankheitsfall Ihrer Wellensittiche parat zu haben.
>
> - Infrarot-Wärmestrahler (→ Seite 88).
> - Blutstillende Watte.
> - Vitamin- und Kalziumpräparate während der Mauser.
> - Einwegspritzen (ohne Nadel).
> - Wattestäbchen, um beispielsweise Salbe aufzutragen.
> - Kleine Holzspatel, die der Vogel bei der Behandlung in den Schnabel nehmen darf.
> - Kochsalzlösung, um beispielsweise Wunden auszuwaschen.

Fragen rund um Pflege und Gesundheit

? Wenn ich Pauli in die Hand nehmen möchte, um ihm die Krallen zu schneiden, zetert er laut, und ich kann sein Herz flattern fühlen. Wie erleichtere ich ihm diesen Stress am besten?

Zunächst einmal sollten Sie Pauli vorbeugend gegen zu lange Krallen Naturzweige mit verschiedenen Durchmessern anbieten. Einen Wellensittich in die Hand zu nehmen darf nur im äußersten Notfall geschehen wie etwa im Krankheitsfall oder für notwendige Pflegemaßnahmen wie das Krallenschneiden. Wellensittiche haben schreckliche Angst in der Hand des Menschen und wehren sich durch kräftige Schnabelbisse. Daher mein Tipp: Ziehen Sie Handschuhe an, wenn Sie Ihren Sittich in der Hand halten. Die schonendste Methode, um den Wellensittich zu ergreifen, ist den Raum zu verdunkeln, solange er im Käfig sitzt. Warten Sie 10 bis 15 Minuten, bis Sie den Vogel sanft »greifen«. Der Sittich gewöhnt sich an die Dunkelheit und sieht nicht, wie Sie ihn anfassen. Das mindert seine Angst, und der Vogel ist nicht so gestresst. Vorsicht beim Umklammern mit der Hand.

Packen Sie nicht fest, aber auch nicht zu leicht zu, sodass das Tier nicht fliehen kann. Ideal ist: wenn der Vogel mit dem Rücken zur Handfläche liegt, der Hals von Zeigefinger und Daumen umschlossen ist, sodass das Köpfchen frei hervorschaut (→ Seite 89).

? Wir werden unseren 3-wöchigen Urlaub in einem italienischen Ferienhaus verbringen. Kann ich meine beiden Wellensittiche unbedenklich mitnehmen?

Lassen Sie die Vögel besser zu Hause. Der Transport und die ungewohnten Geräusche stressen die Vögel zu sehr. Zudem erlauben die meisten Länder keine Ein- und Ausfuhr von Sittichen. Sie sollten also jemand finden, der die Vögel versorgt und fliegen lässt. So verschmerzen die Tiere die Trennung am leichtesten. Und wenn sie einen Artgenossen haben, wird es ihnen auch nicht so schnell langweilig. Gut ist es, wenn der Pfleger Ihre Sittiche schon kennt. So ersparen Sie den Vögeln das Fremdeln. Oft vermitteln Tierärzte, Zoofachgeschäfte oder Tierschutzvereine Tiersitter oder nehmen selbst Vögel in Pension. Erkundigen Sie sich auch im Internet. Weisen Sie den Tiersitter genau in die Pflege Ihrer Wellensittiche ein (→ Tiersitter-Pass, Seite 136). Hinterlassen Sie auf jeden Fall Ihre Urlaubsadresse und die Telefonnummer des Tierarztes.

? Punky putzt sein Gefieder in letzter Zeit nicht mehr. Was hat das zu bedeuten?

Ein Wellensittich, der seine Körperpflege vernachlässigt, ist krank. Zögern Sie nicht, mit Ihrem Sittich sofort

Frage & Antwort

einen Tierarzt aufzusuchen. Solch kleine Vögel wie die Wellensittiche sterben schnell, wenn sie krank sind (→ Seite 87).

? Ich bin der Meinung, dass man den Käfig in regelmäßigen Abständen desinfizieren sollte. Was sagen Sie dazu?
Eine vorbeugende regelmäßige Desinfektion des Käfigs ist bei einer hygienischen Haltung nur dann nötig, wenn einer Ihrer Sittiche z. B. an einer ansteckenden Krankheit leidet oder sich Parasiten eingenistet haben. Lassen Sie sich für diese Fälle ein geeignetes Desinfektionsmittel von Ihrem Tierarzt geben. Vor dem Desinfizieren müssen Sie die Wellensittiche aber unbedingt aus ihrem Käfig nehmen. Keinesfalls darf ein Vogel mit handelsüblichem Desinfektionsspray in Berührung kommen. Gerät das Spray in Nase, Schnabel und Augen des Wellensittichs, kann das seiner Gesundheit sehr schaden.

? Was mache ich, wenn sich einer meiner Wellensittiche einmal beim Freiflug verletzt?
Wenn Sie alle Gefahrenquellen beseitigt haben, sollte die Verletzungsgefahr sehr gering sein (→ Seite 87). Passiert dennoch einmal ein Unglück, gehen Sie ohne Hektik auf den verletzten Vogel zu. Blutende Wunden mit blutstillender Watte bedecken. Setzen Sie dann das Tier äußerst vorsichtig in den Transportkäfig, dessen Boden Sie vorher mit weichem Papier (z. B. Küchenpapier) auspolstern. Gehen Sie sofort zum Tierarzt.

? Schon öfters habe ich von dem Begriff »Legenot« in Zusammenhang mit Wellensittich-Weibchen gehört. Können Sie mir erklären, was man darunter genau versteht?
Dazu muss eine erfolgreiche Paarung vorangegangen sein (→ Seite 118). Als Legenot bezeichnet man Schwierigkeiten bei der Eiablage der »werdenden Mutter«. Dem Weibchen gelingt es in diesem Fall nicht, das Ei aus dem Eileiter und aus der Kloake zu pressen. Der Verdacht auf Legenot ist dann angezeigt, wenn das Weibchen apathisch wirkt, unverhältnismäßig große Kotballen absetzt, häufig mit dem Schwanz wippt und dabei heftig presst. Noch eindeutiger wird die Diagnose, wenn man das Wellensittich-Weibchen sanft in die Hand nimmt und vorsichtig mit dem Finger über den Unterleib streicht (→ Foto, Seite 89). Man spürt das Ei. Von einer Eigenbehandlung kann ich nur abraten. Ohne Erfahrung ist es nicht einfach, das Ei herauszuholen. Ein erfahrener Tierarzt kann das besser. Zögern Sie nicht lange, wenden Sie sich sofort an einen Tierarzt, wenn Sie die Anzeichen von Legenot bemerken. Tun Sie das nicht, bringen Sie das Weibchen in unnötige Lebensgefahr.

Beschäftigen und lernen

Wellensittiche haben als Heimtiere viel Freizeit. Damit Ihre kleinen Papageien körperlich und geistig fit bleiben, brauchen sie ein umfassendes Lern- und Beschäftigungsprogramm.

Förderkurs für Wellensittiche

Langeweile macht krank – uns ebenso wie unsere Heimtiere. Zwar kann der Artgenosse helfen, die Zeit zu vertreiben, doch das allein genügt nicht. Fordern und fördern Sie deshalb Ihre Wellensittiche.

FÜR DIE WISSENSCHAFT gibt es heute keinen Zweifel: Tiere mit einem in Relation zur Körpermasse großen Gehirn, gehören zu den intelligenten Individuen. Dieses Verhältnis wird einem klar, wenn man Elefanten betrachtet. Sie haben zwar ein viel größeres Gehirn als wir Menschen, wiegen aber auch zwischen fünf und sieben Tonnen. Bezieht man diese Tatsache auf ihre Körpermasse, haben sie also ein kleines Gehirn. Menschen gehören zu den Lebewesen mit dem größten Gehirn. Für Vögel gilt diese Relation aber ebenfalls. Raben und Papageien haben nahezu ebenso große Gehirne wie die intelligentesten Säugetiere, die Schimpansen.

Im Spiel fürs Leben lernen

Aber was hat die Gehirngröße eigentlich mit dem Spielen zu tun? Intelligente Tiere spielen gern und ausgiebig, denn sie erblicken die Welt nicht mit einem fertigen Instinktprogramm. Erst durch Spielen und Lernen erfahren sie ihre Umwelt. Wellensittiche gehören auch zu den »Spielern«. Ihr Gehirn ist im Verhältnis zur Körpermasse sehr groß. Spielen ist jedoch unter intelligenten Lebewesen alles andere als eine Form des Müßiggangs, sondern es hat einen wichtigen biologischen Sinn. Im Spiel trainieren die Vögel gefahrlos Fitness und Koordination, Verhaltensweisen und Strategien für den Ernstfall. Speziell für Jungtiere ist das Spiel eine wichtige Investition in ihre Zukunft. Die mit Abstand größten Spieler unter den Vögeln sind die großen Papageien (besonders Keas) und Rabenvögel. Erwachsene Wellensittiche scheinen in der Natur nicht zu spielen – zumindest gibt es keine Beschreibungen darüber. Offensichtlich bleibt ihnen im täglichen Kampf ums Überleben keine Zeit. Sehr viel Zeit aber haben sie in der Obhut des

Wellensittiche sind überaus neugierig. Alles wird mit dem Schnabel untersucht und beknabbert.

BESCHÄFTIGEN UND LERNEN

Menschen. Daher sind Spielen und Lernen die absoluten Highlights in ihrem Leben als Heimtiere. Bieten Sie Ihren kleinen Papageien deshalb abwechslungsreiches Spielzeug an (→ Tabelle, Seite 104).

Immer etwas zu tun

▶ **1** **Rohe Nudeln** sind ein ungefährlicher Zeitvertreib. Sie werden mit dem Schnabel untersucht, hin- und hergeschoben und manchmal auch in den Käfig getragen.

▶ **2** **Malen** Sie einige verschiedenfarbige Kreise auf ein Blatt weißes Papier. Das fasziniert Wellensittiche. Ungiftige Buntstifte darf er auch in den Schnabel nehmen.

Spiele, die Spaß machen und das Denken fördern

Erwachsene Wellensittiche spielen nur selten miteinander. Ihr Interesse gilt meist einem ganz bestimmten Spielzeug. Diesem widmen sie sich mit erstaunlich viel Ausdauer. Gespielt wird aber nur in einem entspannten Umfeld. Der Sittich muss sich wohlfühlen und darf keine Angst haben. Zu laute, in hohen Tönen spielende Musik, Türenschlagen oder Geklapper mit Geschirr verhindern das Spiel.

Große Murmeln: Mit Glasmurmeln kann sich ein Wellensittich stundenlang beschäftigen, indem er sie gegeneinander stoßen lässt und sich am Rollen der Kugeln und ihren Begleitgeräuschen begeistert.

Wasserball: Als Ball eignet sich eine Weintraube. Die schwimmt in einer kleinen, wassergefüllten Plastikwanne. Der Wasserstand darf höchstens drei Zentimeter betragen. Die Mutigen steigen sofort ins Wasser und spielen mit der Frucht, ängstlichere Naturen versuchen mit allen Tricks, das schwimmende Objekt vom sicheren Wannenrand aus zu angeln.

Gitterball: Ballspiele sind immer gefragt. Ideal ist ein Plastikgitterball. Mit ihm kann man wunderbar auf der Handfläche des vertrauten Menschen spielen, kann ihn mit dem Schnabel hochheben und wieder fallen lassen.

Glockenspiel: Einfach ein Glöckchen in den Vogelbaum hängen und eine Schnur an den Klöppel binden. Ich gebe Ihnen Brief und Siegel, dass auch Ihr Sittich zum »Glöckner« geboren ist.

Schaukel: Selbstverständlich gehört eine Schaukel zur Grundausstattung im Vogelkäfig. Im Zoofachhandel gibt es

zahlreiche Varianten. Aber ebensoviel Spaß macht ein Ast, der an beiden Seiten an einer Schnur aufgehängt wird.
Bleistiftspiel: Besonders vertraute Sittiche fliegen während des Schreibens auf die Hand und beknabbern Schreibstift und Hand. Wenn Sie jetzt die Hand waagerecht (Handrücken nach oben) halten und sie schnell hin und her bewegen, fliegt ihr kleiner Papagei kurz auf und wieder zurück. Er genießt die Geschwindigkeit. Wenn er könnte, würde er vor Freude kreischen.

Abenteuerspielplatz

Damit Ihre Wellensittiche ihren Spieltrieb ausleben können, sollten Sie ihnen einen Abenteuerspielplatz bauen. Das hat den Vorteil, dass Ihre Wohnung vor unliebsamen Nagespuren verschont bleibt, denn die kleinen Vögel untersuchen alles mit ihrem Schnabel (→ Seite 98). Ideal sind zwei Kletterbäume, die sie durch Seile verbinden können. Kletterbäume aus Naturästen gibt es auch im Zoohandel zu kaufen. Man kann sie sich aber auch leicht selber basteln. Nehmen Sie ein schweres Holzbrett (Dicke: 2 bis 3 cm; Fläche: 30 x 30 cm), bohren Sie ein Loch in die Mitte und verschrauben Sie das Brett mit einem dicken Ast (Durchmesser: 3 bis 4 cm) mit vielen Zweigen, und fertig ist der Kletterbaum. Die Größe des Holzbrettes, das die Plattform bildet, ist natürlich von der Größe des Astes abhängig. Achten Sie darauf, dass die Konstruktion stabil ist und nicht beim ersten Anflug der Vögel umfällt. Verbinden Sie die Kletterbäume mit einem Kletterseil aus Bast, das einige Knoten enthält. In die Knoten könnten Sie beispielsweise Kolbenhirse stecken.

An den naturfarbenen Bastfäden können die Sittiche mit Freude herumzerren und knabbern. Nun wird der Kletterbaum wie ein Weihnachtsbaum geschmückt. Eine Schaukel mit Glöckchen ist der Renner. Akrobatisch klettern die Vögel vom Kletterbaum auf die Schaukel (aus dem Zoofachhandel) und betätigen das Glöckchen.

> Beschäftigung macht das Leben **lebenswert**. Bieten Sie Ihren Sittichen genügend Abwechslung.

Ein Obst- und Gemüsespieß sorgt für die schlanke Linie und für Spaß. Stecken Sie abwechselnd Obst- und Gemüsestückchen auf einen Metallspieß (Partyspieß) und hängen Sie ihn an den Baum. Auch Kletterbälle kann man an den Baum hängen. Das sind nur einige Vorschläge. Ihrer Fantasie sind keine Grenzen gesetzt. Wichtig ist aber, dass Sie die Bäume von Zeit zu Zeit neu bestücken oder die Gegenstände zumindest an eine andere Stelle hängen, Sonst wird der Spielplatz langweilig.

Es darf nie langweilig werden

Das Leben in der Natur ist mit dem Leben in der menschlichen Obhut nicht zu vergleichen. In der freien Wildbahn diktieren die harten Naturgesetze den täglichen Lebenskampf: Futter- und Wassersuche, Feindvermeidung, Klima, Partner und Aufzucht der Jungen, um nur einige Beispiele zu nennen. Jeden Tag müssen neue Probleme gelöst werden, und wer daran scheitert, begibt

BESCHÄFTIGEN UND LERNEN

sich in Lebensgefahr. Der Wellensittich ist für den Überlebenskampf gut gerüstet und seine Intelligenz hilft ihm dabei. Bei uns Menschen haben Wellensittiche keine Feinde und die ewige Suche nach Nahrung entfällt. Vögel, die einen Partner haben, werden mit der Situation viel besser fertig (→ Seite 128). Sie können miteinander kommunizieren und ihre Gefühle gegenseitig ausdrücken. Aber das reicht meines Erachtens noch lange nicht aus, um die »Freizeit« der Vögel in unserer Obhut auszufüllen.

Die Beschäftigung kann unterschiedlichster Art sein: der Freiflug im Zimmer, Futter verstecken bis hin zu Knobelaufgaben. Der Freiflug im Zimmer hat zwei wesentliche Aufgaben: Er dient dem Körper und dem Geist. Es ist daher ein Muss, dass die Vögel lernen, das Zimmer zu nutzen (→ Seite 46). Bei einem neuen Sittich sieht es allerdings oft so aus, als ob ihm am Fliegen wenig liegt. Er bleibt lieber im sicheren Käfig. Machen Sie ihm die Freiheit schmackhaft. Am besten mit einem Hirsekolben, der auf die offene Käfigtür gelegt wird. Siegt die Lust auf Leckeres, haben Sie gewonnen. Der kleine Piepmatz macht dabei die wichtige Erfahrung, dass ihm auch außerhalb des Käfigs nichts passiert. Mit vollem Bauch dreht er die ersten Runden, um sich danach erschöpft auf Schrank oder Vorhangstange von der Anstrengung zu erholen. Gemeinsam mit einem Partner lässt sich die fremde Welt leichter entdecken. Dabei macht einer dem anderen Mut. Falls es mit der Rückkehr in den Käfig noch nicht klappt, hilft auch hier der Hirsekolben auf der Käfigtür. Versuchen Sie nie, einen Vogel mit der Hand zu fangen! Selbst wenn es gut geht, sitzt der Schreck so tief, dass es lange braucht, um das Vertrauen wieder aufzubauen (→ Seite 63).

Wellensittiche lernen gern

Die Vögel lernen nicht nur gern, sondern auch unglaublich schnell. Einige verzaubern als Zirkusartisten das Publikum mit erstaunlichen Vorführungen. Sie ziehen kleine Wagen, klettern in Windeseile auf Leitern oder machen auf Wunsch eine perfekte Punktlandung. So viel Können und Akrobatik setzt täglichen Unterricht mit einem erfahrenen Trainer voraus. Vermutlich sind Sie zeitlich dazu nicht der Lage, aber auch Sie können Ihre Vögel mit Fingerspitzengefühl und etwas Geduld zu verblüffenden Leistungen animieren. Viele Wellensittichhalter machen davon leider keinen Gebrauch, weil ihnen die wichtige Bedeutung des Lernens für das Wohlbefinden ihrer kleinen Vögel nicht klar ist. In den Genen des Wellensittichs ist geschrieben, dass sie lernen müssen. Das ist der Plan der Natur oder wissenschaftlich ausgedrückt, sie verfügen über bestimmte Lerndispositionen. Ohne die Fähigkeit zu lernen, würden sie in der Natur verenden. Lernen erlaubt den

Opfern Sie ein altes Buch für den Vogel. Er wird es begeistert in kleine Schnipsel zerlegen.

Wellensittiche lernen gern

Tieren, sich schnellen Umweltveränderungen anzupassen. So werden sie fit, um die täglichen Herausforderungen zu bestehen.

Ein Wellensittich, der im ausgedörrten Outback des australischen Kontinents überleben will, muss wissen, wo sich die nächste Wasserstelle befindet und ob sie Wasser führt oder ausgetrocknet ist. Er lernt schon früh, welche Pflanzen er fressen kann und welche Feinde auf ihn lauern und wie man vor ihnen fliehen kann. Die Liste, was ein Wellensittich in der Natur alles lernen muss, lässt sich noch lange weiterführen. Aber das ist nicht Sinn und Zweck dieses Ratgebers, sondern soll nur veranschaulichen, wie erbärmlich das Leben – besonders eines einzelnen Wellensittichs ist, der den ganzen Tag in einem kleinen Käfig haust und nichts lernen darf (→ Seite 128). Zugegeben, es ist schwer, sich vorzustellen, welche Anregungen und Beschäftigung solch ein Winzling an Vogel braucht. Ich bin aber überzeugt davon, dass es nicht viel weniger ist, als man auch einem Hund bieten muss.

Gute Voraussetzungen schaffen

Wellensittiche brauchen ein entspanntes Umfeld. Üben Sie deshalb mit Ihren Vögeln nur, wenn in der Umgebung keine lauten und schrillen Töne zu hören sind. Sie flößen ihnen Angst ein und der Vogel fliegt davon. Strafen ist verboten, nur die Belohnung macht's. Futter ist meist der beste Anreiz. Die Aufgaben müssen spielerisch gelöst werden. Die Piepmätze sind aufmerksamer, wenn sie Privatunterricht haben. Die Artgenossen lenken sie zu sehr ab. Junge Wellensittiche lernen sehr schnell, aber auch ältere Tiere sind offen für Neues. Zwei bis drei Wochen nach Verlassen des Brutkastens erkunden junge Wellensittiche ihre Umwelt intensiv (→ Seite 123). Das ist eine gute Gelegenheit, mit den Schulstunden zu beginnen. In ihrer vertrauten Umgebung lernen die Vögel leichter. Hier fühlen sie sich sicher und werden nicht durch andere Sinneseindrücke abgelenkt.

> **WUSSTEN SIE SCHON, DASS …**
>
> **… jeder Wellensittich eine unverwechselbare Persönlichkeit ist?**
>
> Wellensittich ist nicht gleich Wellensittich. Das werden Sie selbst feststellen, wenn Sie mindestens zwei Vögel pflegen. Der eine ist scheuer, der andere eher ein Draufgänger. Der nächste ist ein wenig »geschwätzig«, der andere dagegen stiller. Es gibt »kleine Einsteins«, die für alles eine schnelle Lösung parat haben und solche, die deutlich mehr Zeit brauchen, um ein Problem zu lösen.

BESCHÄFTIGEN UND LERNEN

◀ Toll, wenn es bei den Ausflügen immer mal etwas Neues zu entdecken gibt.

Verführung zum Lernen

Was bei Hunden mit Lob und Tadel Erfolg verspricht, funktioniert bei Vögeln nicht. Wellensittiche muss man zum Lernen verführen. Das geht nur, wenn man ihre Aufmerksamkeit fesselt und ihre Neugier weckt. Beispiel Anflugübung: Der Vogel soll zu Ihnen fliegen. Diese Übung hört sich einfach an, verlangt aber viel Einfühlungsvermögen von Ihnen. Trainieren Sie stets nur mit einem Vogel, sonst ist die Ablenkung zu groß. Stellen Sie sich mit einem Leckerbissen (etwa einem Hirsekolben) in zwei Meter Entfernung vor dem Sittich auf. Rufen Sie mit leiser Stimme seinen Namen, und schnalzen Sie mit der Zunge, um ihn neugierig zu machen. Sobald er Sie fixiert, kommen Sie langsam näher und halten den Hirsekolben waagerecht vor den Körper.

Der Flugschüler wird der Versuchung nicht lange widerstehen und landet auf dem verlockenden Leckerbissen. Wiederholen Sie diese Aktion mehrfach und vergrößern Sie die Anflugdistanz allmählich. Nach kurzer Zeit fliegt der Wellensittich Sie an, sobald Sie nur seinen Namen rufen. In die »Vogelschule« werden nur handzahme Sittiche aufgenommen (→ Seite 56). Hat der Sittich eine Übung gelernt, wird er automatisch zum Lehrer seiner gefiederten Freunde. Starthilfe vom Menschen braucht es nicht mehr, die Truppe lernt durch Beobachten.

Was Wellensittiche leicht lernen

Die kleinen Sittiche haben ein gutes Ortsgedächtnis. Sie lernen sehr schnell, wo etwas versteckt ist. Das können Sie leicht überprüfen.

Futtersuche: Verstecken Sie drei gleich aussehende Futterschälchen an verschiedenen Orten im Zimmer, die der Vogel leicht anfliegen kann. Beim ersten Mal geben Sie in alle drei Näpfchen ein wenig Kolbenhirse. Wie erwartet, fliegt der Vogel ganz zufällig auf seiner Erkundungstour zu einer dieser Futterschalen. Nachdem er gefressen hat, versucht er sein Glück bei der zweiten und dritten Schale und frisst. Nach ein bis zwei Anflüge weiß er, dass in den Schälchen ein Leckerbissen versteckt ist und fliegt sie gezielt an. Nun beginnt das eigentliche Experiment: Geben Sie nur noch in eines der Schälchen Futter als Belohnung. Schon bald hat er den Bogen raus und fliegt immer erst zu diesem Schälchen.

Was Wellensittiche leicht lernen

Wenn Sie wollen, können Sie die Aufgabe erschweren, indem Sie den Sittich zwischen zwei Futterschälchen wählen lassen. Das alte Schälchen bleibt, wie es ist, das neue ist mit einem deutlich sichtbaren schwarzen Punkt markiert. Diese beiden Schalen stellen Sie in etwa einem Meter Abstand nebeneinander und zwar so, dass die Vögel nicht hineinschauen können. Futter befindet sich nur in der markierten Schale. Jetzt braucht der Vogel etwas länger, denn er muss erkennen und sich merken, dass nur im markierten Schälchen Futter ist.

Farben erkennen: Da ich meinen Sittichen gern Lern- und Knobelaufgaben stelle, habe ich mir eine Art »Experimentiertisch« gebaut. Dazu in ein Brett von 1,2 m Länge und 40 cm Breite Vertiefungen wie bei einer Malerpalette bohren, in die die Hülle von Teelichtern passt. Der Rand der Teelichter schaut über die flache Vertiefung hinaus. Die Vertiefungen sind bei mir wie ein Kreuz angeordnet (drei waagrechte Vertiefungen, zwei senkrechte, wobei die mittlere waagrechte die Schnittstelle ist). So kann ich die Vögel auf sehr viele Konstellationen oder Farben dressieren. Die Teelichter können Sie verschiedenfarbig anmalen und somit testen, ob Ihre Sittiche Farben sehen. Legen Sie das Brett auf einen Hocker oder Stuhl und bemalen Sie die eine Teelichthülle grün, die andere rot, und legen Sie jeweils einen roten und grünen Deckel darauf. Achtung, manche Vögel können den Deckel nicht abnehmen. Sie müssen es erst

1 **Deckeltest.** Animieren Sie Ihre Wellensittiche zum Lösen kleiner Probleme. Hier sind die Futterschälchen mit Deckeln abgedeckt. Welcher Vogel findet am schnellsten heraus, wie man an das Futter kommt?

2 **Lesen** können diese beiden sicher noch nicht, aber es sieht so aus, als ob sie es lernen wollten. Aber sicher lockt hier eher das Papier, das man so wunderbar in Konfetti verwandeln kann.

BESCHÄFTIGEN UND LERNEN

lernen. Machen Sie es ihnen vor, indem Sie mit dem Finger den Deckel wegschubsen. Nun geben Sie beispielsweise in die grüne Hülle das Futter und in die rote nichts. Der Sittich lernt sehr schnell, wo sich das Futter befindet. Um sicher zu sein, dass er sich die Farbe und nicht den Ort gemerkt hat, stellen Sie die Hüllen an einen anderen Platz auf dem Brett. Sie werden feststellen, er fliegt zu Grün. Mit dieser Methode können Sie alle Farben durchtesten. Prüfen Sie auch, ob er Formen wie Kreise, Vierecke und Dreiecke unterscheiden kann. Dazu unbemalte Hüllen verwenden und mit einem Deckel, auf dem die Form deutlich aufgemalt ist, versehen. Einer meiner sehr zahmen Wellensittiche machte sich einen Spaß daraus, die Kinder beim »Fang-den-Hut-Spiel« zu ärgern. Purzel, ein Männchen, knabberte an einem der Hütchen herum, und es fiel um. Klar war dies anfangs keine Absicht, aber es zeigt, wie lernfähig die kleinen Papageien sind, denn blitzschnell lernte Purzel, wie man die Hütchen gezielt umwerfen kann. Zum Leidwesen der Kinder. Immer wenn sie spielten, flog Purzel heran und warf die Hütchen um. Selbst wenn man versuchte, ihn mit der Hand wegzu-scheuchen, ließ er nicht locker.

SPIELZEUG, DAS WELLENSITTICHE LIEBEN

SO BLEIBEN SIE FIT

Schaukel	Trainiert den Gleichgewichtssinn und sorgt für körperliche Fitness.
Gitterbällchen	Ein herumrollendes Bällchen fördert die Aufmerksamkeit. Es wird gern in den Schnabel genommen und herumgeworfen.
Kletterseil	Ein Kletterseil mit dicken Knoten fordert punktgenaues Landen und lädt zum Klettern bzw. Schaukeln ein.
Papierkügelchen	Sie werden mit dem Schnabel genau untersucht und durch die Wohnung »gekickt«. Raschelndes Papier regt die Neugierde noch mehr an.
Bastfäden	Binden Sie 15 cm lange, naturfarbene Bastfäden in der Mitte mit einem weiteren Faden zusammen. Hängen Sie das Bündel im Käfig auf. Die Vögel ziehen die Fäden mit Hingabe heraus. Gut für die Geschicklichkeit!
Rohe Nudeln	Schiebt man sie mit dem Schnabel auf dem Teller herum, klappert's toll.

Verkannte Genies

Die Entdeckungen zum Thema Intelligenz der Vögel werden immer erstaunlicher. Auch in den kleinen Wellensittichen steckt mehr, als wir je vermutet haben. Umso wichtiger ist es, den kleinen Papageien als Heimtiere ein interessantes Leben zu bieten.

WEISS EIN WELLENSITTICH eigentlich, wer sein menschlicher Partner ist? Oder anders ausgedrückt, erkennt Sie Ihr Vogel individuell, weiß er, dass Sie es sind und nicht Ihr Partner oder eines der Kinder? Vieles spricht dafür. Durch ein Zufallserlebnis stieß ich auf diese Frage.

»Maskenball« in der Wellensittich-Voliere

Eines Tages betrat ich die Voliere mit einer Mütze auf dem Kopf und meine Wellensittiche erschraken fürchterlich. Sie flatterten wild umher, obwohl ich die Voliere – so wie immer – leise pfeifend und zu den Vögeln sprechend betreten hatte. Auf diese Weise kündige ich immer meinen Besuch an. Es eine Art »Anklopfen«, um die kleinen Papageien auf mich vorzubereiten. Doch nun diese aufgeregte Reaktion. Was hatte dies zu bedeuten? Ich wollte es etwas genauer wissen und führte einige Pilotversuche durch. Das sind zwar keine exakten wissenschaftlichen Versuche, zeigen aber vielleicht einen Trend. Ich veränderte mein Aussehen im Kopfbereich. Einmal trug ich eine Schildmütze, dann eine Pappnase mit Kopfhörer, schließlich ein Stirnband und eine Sonnenbrille, dann ein Stirnband mit Federn und einmal nur eine Pappnase. Die Reaktion der Wellensittiche auf die Maskierung war unterschiedlich. Pappnase und Stirnband mit Federn störte sie am wenigsten. Die Mütze auf dem Kopf dagegen am stärksten. Aber kein Vogel flog mich an oder kam auf meine Hand, was sie sonst fast immer tun. Offenbar erkannten sie mich in meiner Kostümierung nicht. Professor Fritz Trillmich hat nicht untersucht, ob Wellensittiche Menschen individuell erkennen, sondern ob sich die Artgenossen untereinander erkennen. Seine Ergebnisse sind jedoch sehr aufschlussreich. Wellensittiche erkennen sich optisch und zwar im Kopfbereich. Mit trickreichen Wahlversuchen konnte er dies wissenschaftlich belegen. Die Vögel erkannten sich sogar auf Dias. Hierzu zeigte er den Vögeln Dias von bekannten und unbekannten Artgenossen. Die Sittiche entschieden sich für den bekannten Partner. Beim individuellen Erkennen spielen in der Natur auch die Laute eine wichtige Rolle. Aber das Bild reicht schon aus, um zu wissen, wer wer ist. Toll, was unsere kleinen Papageien alles können. Aber das verpflichtet uns auch. Wir sollten unsere Vögel nicht irgendwo hingeben – und sei es nur für ein paar Urlaubstage. Besonders schlimm ist das für einen Einzelvogel. Er kennt Sie und ist von Ihnen abhängig.

BESCHÄFTIGEN UND LERNEN

Ein erstaunlich gutes Gedächtnis

Wer ein gutes Gedächtnis hat, lernt leichter. Das Erinnerungsvermögen der Wellensittiche ist einfach fabelhaft. Ich habe selbst erlebt, wie ein Vogel seinen ehemaligen Besitzer nach über vier Jahren Trennung sofort erkannte und ihm das alte Lieblingslied vorträllerte. Das ist kein Einzelfall! Die wissenschaftliche Analyse des Sittich-Gedächtnisses steht meines Wissens leider immer noch aus. Was eigentlich unverständlich ist, weil man mit den redegewandten Schülern doch ganz leicht ins Gespräch kommt.

Kluge »Köpfe«

Über die erstaunlichen Leistungen von Vögeln können wir uns nur wundern. Sie fliegen Tausende von Kilometern, um an Brut- und Futterplätze zu gelangen, und sie brüten in der Antarktis bei minus 30 Grad. Einige, wie die Kolibris, können in der Luft »stehen«, um Nektar aus den Blumen zu lecken. Andere sind geschickte Taucher und Fischer. Wellensittiche fliegen Hunderte von Kilometern dem Regen hinterher, um dort zu brüten. Kein Mensch weiß bisher, wie sie den Regen wahrnehmen. Gerade unter den Vögeln findet man die intelligentesten Tiere. Allgemein ist bekannt, dass unsere nächsten Verwandten, die Schimpansen, im Ranking der Intelligenz den ersten Platz einnehmen. Konkurrenz bekommen sie ausgerechnet von Kolkraben, Krähen, Elstern, Keas und Graupapageien.

Der Spiegeltest: Professor Güntürkün von der Universität Bochum hat es auf den Punkt gebracht. Er bezeichnet seine Elstern als »gefiederte Schimpansen« – und das mit gutem Grund. Seine Elster Gerti erkennt sich im Spiegel. Nur wenige – vermutlich nur sechs – Tierarten sind dazu imstande. Der Spiegeltest gibt Auskunft, ob Tiere ein Selbstbewusstsein haben. Er ist die Sonde zum Bewusstsein der Tiere. Kein Hund, keine Katze besteht den Test und Kinder erst im Alter von etwa zwei Jahren.

»Werkzeugmacher«: Zum Staunen brachte auch Betty, eine Neukaledonische Krähe, die Fachwelt. Bei einem Besuch in Oxford hatte ich Gelegenheit, sie zu besuchen. Sie verbog einen Kupferdraht so, dass an einem Ende ein Haken entstand. Niemand hat ihr diese Technik gezeigt, geschweige denn sie ihr beigebracht. Mit diesem Werkzeug angelte sie aus einem großen Behälter ein Futter-

◀ *Ein dickes Seil, ein paar Getreideähren und bunte Holzperlen werden zum sanft schaukelnden Abenteuerspielplatz. Das lässt Wellensittich-Herzen höher schlagen.*

näpfchen mit Henkel. Aber Betty ist kein Einzelfall, ihre Schwestern und Brüder in der freien Wildbahn stehen ihr in nichts nach. Diese Vögel können Werkzeuge benutzen, komplizierte Werkzeuge herstellen und nun das Besondere: Sie können ein Werkzeug exakt nach ihrer Funktion umgestalten, so wie wir Menschen einen Dietrich nach dem Schloss formen. Bettys Leistung war eine wissenschaftliche Sensation. Diese Fähigkeit kannte man nur bei den Urmenschen – der Beginn der Technik.

Neue Erkenntnisse über das Gehirn

Warum hat man Vögeln eine solche Intelligenz nicht zugetraut? Das liegt am Aufbau ihres Gehirns. Das Gehirn von Säugetiere und Vögeln besteht aus verschieden Hirnteilen. Sowohl Säugetiere als auch Vögel haben die gleichen Hirnareale, die aber unterschiedlich groß bei ihnen ausgebildet sind. Der Teil des Gehirns mit dem wir oder beispielsweise Schimpansen unsere Denkleistungen vollbringen (Großhirn) ist bei Vögeln kleiner. Stattdessen sind andere Hirnareale, die bei uns wenig mit Denken zu tun haben, bei Vögeln größer. Die Schlussfolgerung war, dass Vögel weniger denken können, dafür aber mehr von Instinkten geleitet werden. Erst die moderne Forschung mit neuen Techniken enthüllte, dass bei Vögeln auch andere Hirnteile zum Denken befähigen. Diese Erkenntnis ließ die Vögel in einem neuen Licht erscheinen. Doch was haben diese allgemeinen Ausführungen über die Intelligenz in einem Ratgeber für Wellensittiche zu suchen? Für mich, der ich seit über 30 Jahren Wellensittiche studiere, ist die Antwort leicht. Man hat die Denkleistungen der kleinen Papageien unterschätzt. Ich bin sicher,

---

> **CHECKLISTE**
>
> ### Lernen nach Programm
>
> Wellensittiche brauchen viel Beschäftigung. Doch für das Lernprogramm der Vögel sollten Sie einige Regeln beherzigen.
>
> ○ **Unterrichtsstunden.** Setzen Sie Lernübungen nur dann an, wenn Ihr Wellensittich munter und hellwach ist. Das ist meist am Morgen und Abend der Fall und immer dann, wenn er neugierig seine Umwelt erforscht.
>
> ○ **Einzelunterricht.** Solo lernt es sich besser, dann konzentriert sich der Wellensittich nur auf Sie.
>
> ○ **Kurzzeit-Training.** Kurze Übungseinheiten von jeweils maximal zehn Minuten bringen mehr als eine ganze »Schulstunde«. Bei allen Tieren lässt die Aufmerksamkeit schnell nach.
>
> ○ **Freiwillig.** Üben Sie nie Zwang aus und überfordern Sie Ihren gefiederten Freund nicht, sonst spielt er nicht mehr mit.
>
> ○ **Motivation.** »Ein voller Bauch studiert schlecht«: Leicht hungrig lernt der Vogel leichter und lässt sich durch Leckerbissen motivieren.
>
> ○ **Sanft und leise.** Während der Übung mit sanfter Stimme zum Vogel sprechen und hektische Bewegungen vermeiden.

BESCHÄFTIGEN UND LERNEN

Kleine Akrobaten

▸ 1 **Die Kletteraktion** muss sein, wenn man an die schmackhaften Blätter und Blüten herankommen möchte. Doch die Zweige sind recht dünn und wackeln gewaltig.

▸ 2 **Kunstturnen** ist jedoch für Wellensittiche ein Leichtes. Notfalls kann man sich ja auch noch mit dem Schnabel festhalten.

▸ 3 **Ein Spagat** an der »Reckstange« – diese Übung macht dem Wellensittich so leicht kein anderer nach.

in nächster Zukunft warten noch einige Überraschungen auf uns.
Natürlich sind Wellensittiche keine Graupapageien und keine Rabenvögel, aber dennoch haben sie viel in ihrem Köpfchen.

Sprach-Talente

Unter den Wellensittichen gibt es ausgesprochene Sprachgenies, die über 300 einfache Sätze, 500 Worte und acht Kinderlieder nachplappern können. Die Lautäußerungen der Wellensittiche stehen seit Jahren im Fokus der Sittichforschung. Die Ergebnisse sind auch für den Halter von Bedeutung, weil sie zeigen, wie wichtig der Partner für den Sittich ist. Wellensittiche gehören zu den wenigen Vögeln, die lebenslang neue Laute lernen. Besonders die Männchen, denn im Wettstreit um die Weibchen ist ihr Nachahmungstalent gefordert. Sie gewinnen unter anderem die Gunst der Weibchen, indem sie deren Gesang imitieren. Derjenige, der das am besten kann, wird bevorzugt, die anderen gehen leer aus. Die Weibchen beurteilen also, wie gut der Freier den neuen Gesang gelernt hat. Die Lernfähigkeit der Männchen bezüglich des Gesangs steht unter einem harten Auswahlverfahren. Umgekehrt passiert nichts. Die Weibchen imitieren die Männchen nicht. Kein Wunder, warum gerade die männlichen Sittiche die Sprache des Menschen nachplappern. Aber auch die Weibchen sind nicht stumm, wie jeder weiß. Ihre Geschwätzigkeit zeigen sie aber weniger bei der Balz, sondern eher im Alltagsleben. Der Schwarmzusammenhalt wird unter anderem durch Kontaktrufe gewährleistet. Jeder Schwarm hat seinen eigenen Dialekt. Und jeder Neue muss diesen Dialekt lernen. In der Regel dauert dies 53 Tage. Das deckt sich grob mit meinen Beobachtungen, wenn ein neuer Vogel in die Voliere gesetzt wird. Am Anfang wird er misstrauisch beäugt und es vergeht einige Zeit, bis er voll aufgenommen wird. Heute wissen wir warum: Er muss erst den Dialekt lernen. Nicht viel anders als bei uns Menschen,

Die Kunst des Nachahmens

wenn wir ins Ausland reisen. So sehr die Wellensittiche ihr Aussehen durch die Zucht verändert haben, ihre Fähigkeit, Laute zu lernen, haben sie glücklicherweise behalten. Dies zeigen die Studien von Susan M. Farabaugh. Sie verglich das Lautrepertoire von Wellensittich-Wildfängen mit unseren domestizierten Vögeln und fand keine Unterschiede. Ich wünsche mir nach diesen Ausführungen, dass jeder Vogelhalter versteht, wie schrecklich es für einen Sittich sein muss, wenn er einen Artgenossen nicht hören kann, also allein leben muss.

Die Kunst des Nachahmens

Im Nachahmen sind die kleinen Papageien groß, aber nicht nur in Bezug auf den Gesang. Hat einer den Bogen raus, z. B. beim Anschubsen eines Spielzeugautos, darf man darauf wetten, dass es ihm die anderen bald gleichtun.
In freier Natur sichern Beobachten und Nachahmen dem Wellensittich oft das Überleben und ersparen ihm gefährliche Solo-Experimente. Cellia Heyes und Anna Saggerson konnten die Beobachtungsgabe von Sittichen in einem schönen Versuch untermauern. Die Kandidaten: junge weibliche und männliche Wellensittiche. Ihre Aufgabe bestand darin, den Artgenossen zu beobachten, wie er an Futter gelangt.
Der Sittich musste zwei unterschiedlich gefärbte Hindernisse entfernen, um einen Schlitz im Deckel freizulegen. So kam er an die begehrte Futterquelle.

> **TIPP**
>
> ### Sprachunterricht
>
> Üben Sie mit dem einzelnen Vogel. Sprechen Sie ihm zuerst nur ein Wort vor, etwa »gut« oder »schön« – immer und immer wieder. Bei der ersten Lautäußerung, die er erwidert, geben Sie ihm einen Leckerbissen. Nach dem Sprachunterricht wird der Wellensittich wieder zurück zum Vogelpartner in den Käfig gebracht.

BESCHÄFTIGEN UND LERNEN

So fördern Sie die Intelligenz des Sittichs

Sie werden staunen, zu welch intelligenten Handlungen Ihre kleinen Papageien fähig sind. Bei diesem Test handelt es sich nicht um Lernen, sondern um das Lösen eines Problems. Das Geheimnis des Deckels hat es in sich.

Der Test beginnt:

Sie nehmen ein Futterschälchen und legen einen Pappdeckel darauf. Der Vogel sitzt auf Ihrer Hand und kann gut beobachten, wie Sie einen Leckerbissen in das Schälchen legen und den Deckel darauf legen. Dann wiederholen Sie den gleichen Versuch mit einem durchsichtigen, leichten Plastikdeckel und lassen den Vogel das Problem lösen. Führen Sie die Versuche kurz vor der üblichen Fütterung aus, sodass der Vogel etwas Hunger hat.

Mein Testergebnis:

Entfernen konnte er die Hindernisse nur, indem er sie mit dem Schnabel wegdrückte oder wegzog. Es dauerte eine ganze Weile, bis die ersten Testkandidaten nach mehreren vergeblichen Versuchen endlich zum Ziel und zur Futterbelohnung kamen. Ihre Artgenossen, die das Unternehmen beobachteten, gingen danach wesentlich zielstrebiger vor und lösten die gestellte Aufgabe fast sofort. Wellensittiche sind also in der Lage, nicht nur Lautäußerungen, sondern auch komplexe Handlungen nachzuahmen. Die Kunst des Nachahmens ist aber nicht so leicht, wie oft gedacht wird. Nachahmen setzt voraus, dass man wahrnimmt, was der andere tut, und dass man diese Handlungsweise in eigene Handlungsweisen überträgt.

Denkleistungen

Susi, meine 5 Jahre alte Wellensittichdame, konnte nicht mehr fliegen, weil sie sich einen Flügel gebrochen hatte. Das hemmte aber ihre Neugierde nicht. Sie war zwar nur noch in der Lage, abwärts zu flattern, was sie häufig tat, um alles Mögliche zu entdecken. Dennoch hatte sie keine Schwierigkeiten bei ihren Erkundungstouren. Wohl aber bei ihrer Rückkehr in den Käfig, der auf einem Unterschrank stand. Ich stellte ihr einen ausgedienten Käfig vor den Unterschrank, gleichsam als Klettergerüst. Was ich dann beobachtete, versetzte mich in Begeisterung. Rein zufällig war die Tür des Hilfskäfigs offen, sodass Susi hineinspazieren konnte. Sie kletterte aber nicht an den Innenwänden hoch, um dann später feststellen zu müssen, dass der Zugang zum Wohnkäfig vergittert war, sie tat etwas anderes. Susi blieb unten stehen, schaute schräg nach oben, trippelte ein paar Mal hin und her und schaute wieder schräg nach oben. Entschlossen marschierte sie dann aus dem Hilfskäfig heraus und kletterte von außen in den Wohnkäfig zurück. Nicht durch Versuch und Irrtum hat sie den Rückweg gefunden, sondern durch Denken. Unter Denken versteht man: Zuerst eine Situation im Kopf durchspielen und dann die Handlung in der Wirklichkeit testen. Sicher – das kann Zufall gewesen sein, aber dagegen spricht, dass sie am nächsten Tag ohne Zögern an der Außenseite hinauf kletterte. Sie hatte ihre Lektion schon gelernt.

Sabine Jämmerich und Gerti Dücker von der Uni Münster näherten sich der Wellensittich-Intelligenz folgendermaßen. Sie wollten wissen, ob Wellensittiche das Prinzip einer gelernten Aufgabe auf eine andere, ähnliche Aufgabe übertragen können. Die Vögel hatten gelernt, ein Türchen hochzuschieben, nachdem sie an der linken Türseite drei blockierende Holzstifte aus Bohrungen gezogen hatten. Befanden sich die Holzstifte nun an der rechten statt an der linken Seite, versuchten sie ihr Glück trotzdem kurzzeitig links (Ortsfixierung). Sobald sie aber den Seitenwechsel beachteten, war alles klar. Sie zogen die Stifte rechts heraus. Das taten sie auch, wenn man die Stiftzahl erhöhte und ebenso, wenn man die Form und Farbe der Stifte veränderte. Sie hatten das Prinzip begriffen.

Unabhängig davon wie viele Stifte es sind, egal welche Farbe, welche Form und an welchem Ort, der Vogel muss verstehen: Um das Türchen hochzuschieben, muss ich zuerst die Stifte entfernen. Ganz schön clever, unsere Sittiche.

Die junge, begeisterte Wellensittichfreundin Sandra Weidenmüller untersuchte das Problemlöseverhalten von Sittichen. Sie hängte unter anderem ein Stück Kolbenhirse an eine Schnur und befestigte sie an einer Sitzstange. Zwei ihrer sieben Vögel zogen die Hirse mit dem Schnabel nach oben. Die anderen versuchten die Hirse anzufliegen oder kletterten an der Schnur nach unten. Sandra Weidenmüllers Versuche sind auf den Fotos auf Seite 45 dokumentiert.

Auch die reife Sonnenblume bringt Abwechslung und die Körner schmecken hervorragend.

7 Nachwuchs im Vogelheim

Es ist sehr beeindruckend, die zärtlichen Balzrituale des Vogelpaares und seine fürsorgliche Aufzucht der Küken mitzuerleben. Doch können Sie dem Nachwuchs auch ein gutes Leben garantieren?

Familienplanung bei »Wellensittichs«

Der Nistkasten hängt am richtigen Platz, und das zukünftige Elternpaar versteht sich prächtig. Bald wird der Kinderwunsch erfüllt sein. Dann beginnt eine harte Zeit für Vater und Mutter, denn die jungen Wellensittiche brauchen anfangs eine Rundumbetreuung.

WELLENSITTICHE sind ganz besonders reizende Liebespärchen, die aufopfernd und liebevoll für ihren Nachwuchs sorgen. Wer beobachtet, wie die Pärchen schnäbeln, sich gegenseitig putzen und wie das Männchen das Weibchen füttert, möchte ihnen den »Kinderwunsch« nicht verwehren. Aber bevor Sie sich auf dieses spannende Abenteuer einlassen, gibt es einiges für Sie zu planen und zu bedenken.

Wohin mit dem Nachwuchs?

Seit 2012 unterliegt das Züchten von Wellensittichen in Deutschland keiner Zuchtgenehmigung mehr, dennoch benötigen die Tiere noch immer Fußringe. Diese erhalten Sie beim Wellensittichzüchter, vom Wellensittichverband oder Wellensittichverein. Geben Sie keinen Sittich in Einzelhaltung ab. Der neue Besitzer muss wissen, dass die Sittiche bis zu 15 Jahre alt werden. Das schreckt sehr viele Menschen ab. Prüfen Sie genau, ob die neuen Besitzer verantwortungsvoll mit den Sittichen umgehen und sie nicht einfach in den Käfig sperren, wenn ihnen der Freiflug der Vögel zuviel Arbeit verursacht. Das kommt leider häufiger vor, als Sie sich vorstellen können. Ich gebe meine Jungvögel nur an Privatpersonen ab, von deren Haltungsbedingungen ich mir vorher ein Bild gemacht habe.

Gesunde Eltern

Setzen Sie nur gesunde Vögel zur Zucht ein. Sie dürfen keine Mängel wie z. B. verkrüppelte Füße, Schnabelmissbildungen und eine mangelhafte Befiederung aufweisen. Wer einen passenden Vogelpartner dazukauft, sollte ein junges Tier erwerben, da sich ältere Vögel möglicherweise durch vorangegangene Erfahrungen nicht mehr so gut für die

Hier wird der Kleine im Nistkasten gefüttert. Aber lange wird es nicht mehr dauern, bis er ausfliegt.

Zucht eignen. Manche Sittiche sind zu sehr auf den Menschen geprägt und haben dann Schwierigkeiten bei der Paarbildung. Obwohl die Sittiche bereits nach wenigen Monaten geschlechtsreif sind, lasse ich meine Vögel erst im Alter von etwa einem Jahr brüten. Die Vögel sind in diesem Alter vollständig ausgewachsen und kräftig genug, die Strapazen einer Brut zu überstehen. Davon profitieren auch die Jungen. Verwenden Sie keine großen und schweren Sittiche zur Zucht (→ Seite 55). Sie haben eine weniger gute Kondition als »normalgewichtige« und legen weniger Eier, wie Gebhardt Heinrich von der Uni Bern nachweisen konnte. Große Weibchen legen größere Eier und benötigen für die Schalenbildung daher mehr Kalk. Der größere Verbrauch an Kalk kann ein begrenzender Faktor für gesundes Wachstum sein. Die Zuchtauswahl bestimmter Merkmale (wie Größe und Gewicht) hat für den Organismus der Zuchttiere oft Nachteile, da diese Merkmale meist durch mehrere Gene gesteuert werden.

Hinweis: Ganz gleich wie zärtlich Ihr Sittichpaar miteinander umgeht, wenn es sich um Geschwister handelt, rate ich Ihnen von einer Zucht ab. Die Gefahr, dass durch die Inzucht verborgene Krankheiten zutage treten, ist viel zu groß. Ohne minimale Kenntnisse der Vererbungslehre (Genetik) sollte man nicht züchten.

WUSSTEN SIE SCHON, DASS …

… Wellensittich-Mütter ihren Jungen helfen?

Wenn ein Küken zu schwach ist, um sich aus der Eihülle zu befreien, hilft die Wellensittich-Mutter – im Gegensatz zu den meisten anderen Vogelarten – ihrem Kind. Sie beknabbert die Eischale so lange, bis das Kleine befreit ist. Mit ihrer Rettungsstrategie für Notfälle gleichen Wellensittich-Weibchen die lebensbedrohlichen klimatischen Einflüsse in ihrer Heimat, die gesunde Ungeborene bedrohen, aus.

Grundbausteine der Genetik

Die Merkmale aller Lebewesen sind im Erbgut verankert. Was wir werden und was wir sind, ist zum größten Teil in der DNS verschlüsselt. Die DNS ist das Erbmolekül der Lebewesen. Der Begriff DNS ist heute so geläufig, dass er das deutsche Wort Erbmolekül ersetzt.

DNS: Die Information der DNS ist vergleichbar mit einem Computerprogramm. Dass unsere Hand fünf Finger besitzt, ist in der DNS gespeichert. Sel-

Grundbausteine der Genetik

Überlegen Sie sich vor der Zucht genau, ob Sie **gute Pflegeplätze** für den Vogel-Nachwuchs finden oder die jungen Vögel selbst behalten können.

ten gibt es Menschen mit sechs Fingern. Wenn ja, wurde die DNS verändert. Dies kann mit einem Schreibprogramm verglichen werden. So wird beispielsweise aus dem Wort Haus das Wort Laus oder Maus – nur ein kleiner Buchstabe führt zu großen Veränderungen. Viele Krankheiten bei Mensch und Tier entstehen so.
Merkmale und Eigenschaften: Wie werden sie vererbt? Bei allen höheren Lebewesen ist die Erbinformation in den Zellen und deren Kern gespeichert. Aufbewahrungsort für die Gene (Erbfaktoren) sind die Chromosomen. Sie sind mit Schnüren vergleichbar, die eine Knotenschrift enthalten. Die »Knotenworte« sind die Gene. Vater und Mutter haben immer die doppelte Anzahl an Chromosomen, außer in den Eizellen und Spermien. Dort befinden sich jeweils die Hälfte der Chromosomen. Meine Zellen besitzen 46 Chromsomen, Ihre ebenfalls. An unsere Kinder gibt jeder Elternteil aber nur die Hälfte, also 23 Chromosomen weiter. Der neu entstehende Organismus hat wieder 46 Chromosomen, weil er jeweils die Hälfte von Vater und Mutter bekommt. Aber nicht alle Gene sind gleichwertig. Manche herrschen (dominieren) über die anderen. Diese nennt man dominante Gene, die dann beim Organismus in Erscheinung treten. Die unterlegenen nennt man rezessiv. Sie sind am Individuum nur sichtbar, wenn sie doppelt vertreten sind oder das dominante Gen nicht vorhanden ist. Beim Wellensittich ist das alles genauso. Blaue Wellensittiche entstehen z. B. dadurch, dass Vater und Mutter die gleichen Gene für die blaue Farbe weitergegeben haben. Dem Gen für blaue Farbe geben wir den Buchstaben f. Der kleine Buchstabe bedeutet rezessiv. Ein blauer Wellensittich hat also in seinem Erbgut zwei kleine f und ist reinerbig. Geben die Eltern dagegen unterschiedliche Gene weiter, z. B. der Vater F und die Mutter f, dann sind die Kinder mischerbig. Sie haben ein großes F und ein kleines f im Erbgut. Der große Buchstabe bedeutet, dass das Gen dominant ist. Das Gen für grüne Farbe ist dominant und bekommt den Buchstaben F. Die Kinder sind also alle grün gefärbt. Die Genetiker haben eine einfachere Schreibweise: Vater (FF) x Mutter (ff), da sowohl Vater als auch

Für die Zucht kommen nur gesunde Vögel in Frage.

Mutter jeweils für ein Kind nur ein F oder f abgeben, sind die Kinder immer (Ff), also mischerbig und grün. Grüne Wellensittiche können unterschiedliche Gene in sich tragen. Sie können reinerbig sein mit den beiden Genen (FF) und mischerbig mit den beiden Genen (Ff). Blaue Wellensittiche sind immer reinerbig und tragen immer zwei rezessive Gene (ff) in sich.

Bekommen zwei mischerbige grüne Sittiche Kinder, kann es vorkommen, dass blaue Sittiche auf die Welt kommen. In diesem Fall hat sowohl die Mutter ihr Gen f als auch der Vater sein Gen f auf die Kinder übertragen. Jetzt verstehen Sie vielleicht, warum manche Gene erst nach Generationen wieder auftauchen.

Geschlecht: Das Geschlecht wird durch die Geschlechtschromosomen X und Y bestimmt. Der Name leitet sich von der Form der Chromosomen ab, die einem X bzw. Y ähneln. Männer haben das Chromosomenpaar X und Y und Frauen X und X. Außer den Geschlechtschromosomen haben die Wellensittiche noch weitere Chromosomenpaare. Der Mensch z. B. besitzt 46 Chromosomen, davon sind zwei Geschlechtschromosomen und 22 andere Paare (44 Chromosomen). Der kleine Unterschied: Bei Wellensittichen haben die Weibchen X- und Y-Chromosomen und die Männchen nur X-Chromosomen. Wer welches Geschlechtschromosom trägt, spielt vor allem bei den weißen und gelben Sittichen eine Rolle. Albinos sind weiße und Lutinos gelbe Wellensittiche. Ihnen fehlt der Farbstoff für Melanin völlig. Das Gen für Melanin liegt auf dem X-Chromosom und ist rezessiv. So kann es passieren, dass ein Lutino-Weibchen, welches sich mit einem reinerbigen grünen Männchen paart, nur grüne Kinder bekommt – gleich ob Weibchen oder Männchen. Ist der Vater hingegen mischerbig, ist die Hälfte der Kinder grün und gelb. Wer diesen Erbgang tiefer verstehen möchte, den kann ich im Rahmen dieses Ratgebers nur auf die einschlägige Literatur verweisen (→ Seite 141).

Fürs Brüten wichtig

Bei Wellensittichen stellt sich in der Regel nur dann Nachwuchs ein, wenn das Sittichpaar eine dunkle Höhle als passende Brut- und Kinderstube gefunden hat. Die wildlebenden Wellensittiche in Australien suchen sich dazu geeignete Astlöcher und Höhlen in alten und abgestorbenen Bäumen. Das Innere der Bruthöhlen ändern sie nicht. Die Weibchen benagen die Einschlupflöcher, die meist rund oder oval sind. Ihr Durchmesser schwankt zwischen drei und sechs Zentimeter (→ Tipp, links). Diese Lochgröße ist für Wellensittiche optimal, denn bei kleineren Öffnungen hat der Vogel Schwierigkeiten beim Heraus- und Hineinschlüpfen. Größer darf sie allerdings auch nicht sein, denn

> **TIPP**
>
> **Die Größe des Einschlupflochs**
>
> Wie groß das Einschlupfloch des Nistkastens sein sollte, ist definitiv untersucht worden. Frau Mazzuchi von der Universität Bern ließ Wellensittich-Weibchen zwischen Brutkästen wählen, deren Einschlupfloch: 2,5 cm, 3,5 cm und 5,5 cm im Durchmesser betrug. Das Ergebnis war eindeutig: Ideal sind 3,5 cm.

Fürs Brüten wichtig

▲
Paarung. Liebevoll legt das Männchen seinen Flügel um das Weibchen.

sonst könnten Feinde, Mitkonkurrenten um die Bruthöhle und Eiräuber, Eier und Küken gefährden. Diesen Gefahren sind Ihre Sittiche nicht ausgesetzt und dennoch benötigen sie einen geeigneten Brutkasten. Ohne Brutkasten läuft nichts, weil die Weibchen erst im Dunkeln Hormone entwickeln, die sie in Brutstimmung bringen.

Der Brutkasten

Geeignete Brutkästen erhalten Sie im Zoofachhandel. Achten Sie aber auf die Größe: Höhe 14 cm, Tiefe 17 cm, Länge 24 cm. Kleinere Nistkästen sind nicht empfehlenswert, weil die Jungen darin zu wenig Platz haben und die wichtige Luftzirkulation für die bebrüteten Eier schlecht ist. Die flache Nistmulde sollte nicht direkt unter dem Einschlupfloch, sondern seitlich davon liegen, damit die Eier bzw. die Küken beim Hineinschlüpfen nicht unsanft getreten werden. Wichtig ist auch die Anflugstange. Sie befindet sich unmittelbar unter dem Einschlupfloch. Weibchen ziehen diese Kästen solchen ohne Anflugstange vor. Der Deckel des Brutkastens sollte aufklappbar sein, damit man den Kasten leicht reinigen kann.

Im Käfig nisten: Ich empfehle den Nistkasten außerhalb des Käfigs anzubringen, damit die kleinen Papageien den Käfigraum voll nutzen können. Hat der Käfig nur eine Eingangstür, dann hängen Sie den Kasten mit zwei Haken an das Käfiggitter. Knipsen Sie mithilfe einer Zange von innen ein paar Gitterstäbe weg, sodass der Vogel ungehindert in den Kasten schlüpfen kann. Nach der

NACHWUCHS IM VOGELHEIM

Brut schließen Sie das Loch einfach mit einem Drahtgitter.

In der Voliere nisten: Wer mehrere Vögel in einer Voliere brüten lässt, sollte folgende Punkte beachten: Der Abstand zwischen den Kästen muss mindestens einen Meter betragen, besser mehr. Während der Brutkastenwahl sind die Weibchen äußerst aggressiv und attackieren ihre Rivalin bis aufs Blut. Es gibt Weibchen, die ständig auf der Anflugstange sitzen und das brütende Weibchen bedrohen. Dagegen hilft nur ein großer Abstand. Wenn es ganz schlimm wird, muss der Störenfried für einige Tage in einen Käfig, aber so, dass er die anderen hören und sehen kann. Bei wildlebenden Wellensittichen beobachtete der australische Biologe Edmund Wyndham, dass die Streitigkeiten der Hennen deutlich abnahmen, wenn der Abstand im gleichen Baum etwa einen Meter betrug. Manche Weibchen sind wählerisch, daher ist es zweckmäßig jedem Weibchen mehrere Kästen zur Wahl anzubieten. Sie werden feststellen: »Etagenwohnungen« werden nur belegt, wenn die oberen Stockwerke besetzt sind. Sittiche ziehen die oben hängenden Kästen vor.

Partnerwahl, Balz und Paarung

Wildlebende Wellensittiche können sich eine langwierige Partnerwahl, tagelange Werbung und zeitraubende »Hochzeitsvorbereitungen« nicht leisten. Dazu fehlt ihnen die Zeit. Sie sitzen quasi immer in den Startlöchern.
Sobald die ersten Regentropfen fallen, müssen Sie mit dem Brutgeschäft beginnen, wenn sie den Wettlauf gegen die kurze Regenperiode gewinnen wollen.

Wie sich aber in einem Schwarm gleich aussehender Individuen die »Richtigen« auf Anhieb finden und erkennen, verstehen wir heute besser.

Die umworbene »Braut«: Die Story beginnt mit der Balz des Männchens. Imponierend plustert der Sittichmann Kopf- und Brustgefieder auf, trippelt zwitschernd vor seiner Auserwählten hin und her und tippt auffordernd mit seinem Schnabel gegen ihren. Manchmal füttert er das Weibchen auch. Nicht weil sie hungrig ist, sondern um sie friedlicher und wohlgesinnter zu stimmen. Dieses Balzfüttern, das Herauswürgen von Nahrung aus dem Kropf, zeigen auch handzahme Einzelsittiche gegenüber dem Menschen, ihrem Spiegel oder dem Plastikersatzvogel. Sie füttern Mensch bzw. Objekt als Ersatz für den fehlenden Geschlechtspartner (→ Seite 128).

Zeigt sich die Henne der Werbung des Freiers aufgeschlossen, streckt sie die Schwanzfedern nach oben und beugt den Kopf nach hinten. Für ihn das unmissverständliche Zeichen, das Weibchen zu besteigen und zu begatten (→ Foto, Seite 117).

> **TIPP**
>
> ### Es darf nicht zu warm sein
>
> Stellen Sie den Käfig mit dem Nistkasten nicht in die Nähe eines Heizkörpers. Hier ist es zu warm und zu trocken. Die befruchteten Eier könnten austrocknen. Besser ist ein gut temperierter, zugfreier, aber nicht zu schattiger Raum. Das ist für den Brutverlauf am günstigsten.

Partnerwahl, Balz und Paarung 7

Das Weibchen inspiziert den Nistkasten. Ist er ihr genehm? ▸

Was »Vogel-Männer« bieten müssen:
Wellensittich-Weibchen bevorzugen Männchen, deren Backengefieder sauber ist. Diese überraschende Erkenntnis verdanken wir E. Zampiga vom Konrad-Lorenz-Institut. Warum wählen die Weibchen solche Männchen? Kann es sein, dass ein sauberes Gefieder das Licht besser reflektiert? Der Neurobiologe Justin Marshall von der Universität Queensland in Brisbane machte aus dieser Idee eine Tatsache. Er fand heraus, dass die Weibchen bei der Partnerwahl Männchen mit fluoreszierendem Gefieder bevorzugen. In trickreichen Versuchen konnte er zeigen, dass das Backengefieder UV-Licht absorbiert und Fluoreszenz-Licht reflektiert. Die gelben Federchen strahlen dann viel heller und glänzender. Einen ähnlichen Effekt können Sie in einer Disco erleben, die blau ausgeleuchtet ist und deren Licht einen hohen UV-Anteil besitzt. Weiße Kleidung strahlt dann stärker. Für die Weibchen sind die »Strahlemänner« die gesünderen und die besseren Väter. Schönheit allein reicht jedoch nicht. Auch die Fähigkeit, den Gesang des Weibchens nachzuahmen, spielt bei der Wahl eine Rolle (→ Seite 108). Nicht zuletzt kommt es auch auf das Alter an. Junge Wellensittich-Weibchen bevorzugen ältere Männchen, obwohl sie zu den Gleichaltrigen eine enge soziale Beziehung haben. Junge Männchen bevorzugen Weibchen mit einem Brutkasten. Männchen verpaaren sich mit etwa 130 Tagen nach Verlassen des Brutkastens, Weibchen mit 112 Tagen. Ich glaube, bei der Wahl spielen auch Sympathie und Antipathie eine Rolle. Aber dies zu beweisen ist schwer. Trotz günstiger Voraussetzungen kommen einzeln gehaltene Paare manchmal nicht in Balzstimmung. Dies liegt daran, dass Sittiche sozial lebende Tiere sind und andere Paare zur Stimulation brauchen. Studien haben ergeben, dass Hoden und Eierstöcke bei Pärchen, die andere hören und sehen konnten, größer waren als bei einzeln gehaltenen. Hoden und Eierstöcke geben Hormone ab, die unter anderem das Balzverhalten auslösen. Mein Tipp: Nehmen Sie das Zwitschern von Wellensittichen z. B. in einer Zoofachhandlung auf, und spielen Sie es Ihrem Einzelpaar vor.

Gesund und munter!

Blind, nackt und nur zwei Gramm schwer, aber voller Leben kommen junge Wellensittiche zur Welt. Sie brauchen allerdings die intensive Fürsorge der Eltern, um zu überleben. Die Hauptarbeit hat die Wellensittich-Mutter.

BEI DER AUSWAHL des Brutkastens haben die Männchen kein Mitspracherecht. Das ist Sache des Weibchens. Doch der erste Besuch im Nistkasten ist äußerst kurz. Die Henne schlüpft sofort wieder heraus und fliegt weg.

Die Zeit vor der Geburt

Bei den folgenden Inspektionen bleibt sie länger und benagt die Innenwände und die Mulde. In dieser Phase reagiert das Weibchen empfindlich auf Störungen. Vermeiden Sie also alle Störungen (Unruhe im Raum, laute Geräusche), denn sonst kann es passieren, dass es den Kasten für immer verlässt und nicht in Brutstimmung kommt. Wie kommt das Weibchen in Brutstimmung? Es muss längere Zeit im Brutkasten sitzen und den Gesang des Auserwählten hören. Erst dann werden die Hormone aktiv, die das Brutverhalten steuern, und ohne die Hormone geht nichts. Das Verhalten ändert sich schlagartig, wenn das Weibchen die ersten Eier gelegt hat. Im Abstand von ein bis zwei Tagen wird jeweils ein Ei auf den ungepolsterten Boden des Kastens gelegt, bis das Gelege aus drei bis fünf Eiern besteht (manchmal mehr). Die Mutter verlässt den Kasten nur zum Koten. Das Weibchen sitzt aber nicht die ganze Zeit untätig auf seinen Eiern, sondern es betastet sie mit der dicken Zunge, wendet sie, schiebt sie mit dem Schnabel zurecht und verändert immer wieder ihre Lage. Diese unnötig scheinenden Handlungen haben einen tiefen biologischen Sinn. Dadurch werden die Eier gleichmäßig gewärmt und der Gasaustausch ist gewährleistet. Etwa 24 Stunden vor dem Schlüpfen beginnt das Küken im Ei zu piepsen. So bereitet es seine Mutter darauf vor, dass aus dem Ei ein Küken schlüpft. Für die Mutter ist die Umstellung nicht leicht. Auf einmal taucht unter ihr ein nacktes zappelndes Wesen auf, das sie noch nie zuvor gesehen hat. Wenn das Vogelweibchen nicht durch beschwichtigende bettelnde Laute auf diesen Zuwachs vorbereitet würde, könnte es sein Neugeborenes für einen Eindringling halten und heftig attackieren. Ich rate davon ab, in das Brutgeschäft einzugreifen, um verkotete Eier, die von den bereits geschlüpften Geschwistern beschmutzt wurden, zu reinigen. Der Embryo könnte durch unsachgemäße Behandlung absterben und die Wachsschicht auf der Eischale würde zerstört. Sie schützt aber den Embryo vor Krankheitserregern.

Hinweis: Ob alle Eier befruchtet sind, sollte man nur in der Abwesenheit des Weibchens prüfen. Unbefruchtete Eier erkennt man daran, dass sie fast durch-

Die Entwicklung der Jungen

sichtig sind, wenn man sie gegen eine Lichtquelle hält. Befruchtete Eier sind dunkler und haben einen bläulichen Schimmer. Entfernen Sie die unbefruchteten Eier nur bei einem großen Gelege (mehr als vier), denn die Henne kann vermutlich über ihre Brutflecken, das sind fast federlose Stellen an der Brust, erkennen, wenn sich die Anzahl der Eier wesentlich ändert und verlässt vielleicht den Kasten.

Eine schwere Geburt

Das Küken muss sich mit großer Anstrengung aus der Eischale befreien, was ihm nicht immer gelingt. Und die Mutter muss sich vom Brüten auf das Pflegen umstellen. Das Küken bricht von innen ein kleines Loch in die Eischale. Mit dem Eizahn, einem kleinen, scharfen Kalkaufsatz auf der Oberseite des weichen Schnabels, pocht es gegen die Schale. Um auf die Welt zu kommen, müssen die Küken schwer arbeiten, bis sie mit ihrem »Schneidezahn«, der später abfällt, einen feinen Spalt rings in die Schale gefurcht haben. Schließlich strecken sich die Wellensittichküken in einer letzten großen Anstrengung und stemmen die Hälfte der Eischale hoch. Durch diese Öffnung robben sie dann, mit den Flügeln stoßend und laut piepsend, ins Freie.

Die Entwicklung der Jungen

Nach dem Schlüpfen sind die Sittiche völlig nackt und blind, außerdem so schwach, dass sie nicht, wie andere Vögel, in der Lage sind, den Kopf aufzurichten und der Mutter entgegenzustrecken, um nach Futter zu betteln. Dann legt Mama sie kurzerhand auf den Rücken und stopft ihnen das Futter in den Schnabel. Aber Wellensittiche wachsen schnell.

- Sie sind schon nach vier Wochen flügge, weitere zwei Monate später können sie bereits brüten.
- Das Gewicht der Jungen nimmt rasch zu und erreicht am 16. oder 17. Tag mit 30 Gramm fast schon das Gewicht der Eltern.
- Am 6. oder 7. Tag öffnen sich die Augen. Am 7. Tag beginnen die Handschwingen, am 9. die Steuerschwingen zu wachsen. Das Daunenkleid ist nach 11 bis 12 Tagen ausgebildet.

Dieser junge Wellensittich ist schon früh an Menschen gewöhnt worden und deshalb sehr vertraut.

NACHWUCHS IM VOGELHEIM

Die Entwicklung
auf einen Blick

Frisch geschlüpft ▶

Das Ei eines Wellensittichs wiegt etwa zwei Gramm und ist wie bei fast allen Höhlenbrütern weiß und glanzlos mit stumpfer Spitze. In 18 Tagen entwickelt sich der Embryo zu einem lebensfähigen Küken.

◀ **Altersunterschiede**

Die Jungvögel schlüpfen nicht alle gleichzeitig, sondern nacheinander. Immer werden zuerst die jüngsten von der Mutter gefüttert. Im rechten Foto sind die Jungvögel etwa zwei Wochen alt.

Bald erwachsen ▶

Im Alter von ungefähr drei Wochen spazieren die jungen Wellensittiche bereits im Nistkasten umher und spielen miteinander. Die ersten Flugrunden können sie dann aber erst mit etwa vier bis fünf Wochen drehen.

- Nach vier bis fünf Wochen – das ist der Zeitpunkt des Verlassens des Nistkastens – haben die Schwungfedern drei Viertel und die Steuerfedern zwei Drittel der vollen Länge erreicht.
- Die Jungen können bereits gut fliegen und es dauert nur noch sieben Tage, bis das Gefieder vollständig entwickelt ist.
- Die Farben des Gefieders der jungen Sittiche sind bis zur ersten Mauser (Wechsel vom Jugend- zum Altersgefieder) nicht so leuchtend und kräftig wie bei erwachsenen Vögeln.
- Die Augen sind einfarbig dunkel und ohne hellen Irisring. An der Färbung der Nasenhaut kann man die Geschlechter der jungen Vögel noch nicht unterscheiden. Die Umfärbung der Nasenhaut erfolgt allmählich und ist erst nach der Geschlechtsreife voll abgeschlossen (→ Seite 14).

Die Küken entdecken die Welt

Schon im zarten Alter suchen die Kleinen den Kontakt zu Artgenossen. Sie drängeln zueinander, zuunterst kauern die Kleinsten, darüber ruhen die Älteren, Hals auf Hals gelegt. In dieser Stellung verharren die Tiere auch dann, wenn die Mutter den Kasten verlässt. Die Kleinen finden so Wärme, Weichheit und eine optimale Ruhelage. Am 8. oder 9. Lebenstag können sie den Kopf frei tragen und trippeln im Kasten umher. Mit etwa drei Wochen werden die Küken selbstständiger und kraulen sich ab und zu das sprießende Gefieder. In diesem Alter setzt auch das spielerische Erkunden der Umgebung ein. Ich konnte häufig beobachten, wie zwei Küken die gleiche Feder aufnahmen und daran zogen wie kleine Jungs an einem Seil. Das sind die ersten Übungen in Sozialverhalten. Etwa eine Woche, bevor sie den Kasten mit 4 bis 5 Wochen verlassen, schlagen sie oft mit den Flügeln. Sie strecken ihr Köpfchen durch das Schlupfloch, um zu beobachten, was sich in der großen Welt abspielt. Nach dem Verlassen des Nistkastens werden die Küken noch einige Tage von den Eltern gefüttert. Manchmal kommt es vor, dass ein kleiner Vogel, der den Kasten bereits verlassen hat, den Mut in der freien Welt verliert und in die Geborgenheit des Kastens zurückkehrt. Angezogen wird er durch die Bettellaute seiner Geschwister im Kasten. Scheuchen Sie ihn nicht aus dem Brutkasten, sondern warten Sie, bis die ganze Brut ausgeflogen ist. Wichtig: Sobald das erste Junge den Kasten verlassen hat, müssen Sie Futter und Wasser so hinstellen, dass das Küken es leicht finden kann. Es empfiehlt sich, Futternäpfe und Hirsekolben an verschiedenen Stellen in der Voliere aufzustellen. Im Käfig verstreuen Sie etwas Futter auf dem Boden und legen ein Hirsestück dazu. Noch ein wichtiger Tipp: Der Vogelpfleger sollte täglich vorsichtig in den Brutkasten hineinsehen und dabei auf den Zustand der Füßchen und Beinchen der Küken achten. Es kommt vor, dass sie mit Kot verkleben, der später so hart wird, dass dadurch die Bewegungsfreiheit der Zehen eingeschränkt wird und die Füßchen verkrüppeln. Säubern Sie vorsichtig die verkoteten Füßchen mit einem feuchten Tuch oder einem Stück Küchenrolle. Passen Sie aber eine günstige Gelegenheit ab, in der das Weibchen den Kasten verlassen hat, sonst zetert es und attackiert Sie vielleicht.

NACHWUCHS IM VOGELHEIM

Die Pflege der Kinder

Wellensittiche sind rührende Mütter. Wenn ein Junges ruft und mit den Beinen strampelt, ist das für die Mutter das Signal zum Füttern. In den ersten Lebenstagen werden die Kleinen nachts ebenso häufig gefüttert wie tagsüber. Das Weibchen ist die ganze Nacht bei ihnen – außer, wenn es den Kasten zum Koten verlässt. Ich empfehle daher, nachts ein schwaches Licht brennen zu lassen, damit es ungestört zurück in den Brutkasten findet. Etwa ab dem 8. Tag werden die Küken nachts kaum noch gefüttert. Selbst die lautesten Bettelrufe erweichen die Mutter nicht. Aber sie weiß scheinbar, welches die jüngeren Küken sind, denn diese füttert sie zuerst. Der Vater dagegen, der häufig bei der Fütterung mithilft, lässt sich besonders von den aufdringlichsten erweichen. Das sind häufiger die weiblichen Küken. Sie bekommen vom Vater viel mehr Nahrung wie J. A. Stamps untersuchte. So können die Weibchen den Kasten früher verlassen und sind auch früher fortpflanzungsfähig. Nun stellt sich die Frage nach dem Zusatzfutter. Aus meiner jahrelangen Erfahrung benötigen Wellensittiche kein spezielles Aufzuchtfutter – vorausgesetzt ihr Futter enthält alle nötigen Bestandteile. Da jedoch Aufzuchtfutter nicht schadet, sollte jeder Züchter so entscheiden, wie es ihm beliebt.
Der Aufgabenbereich der Mutter beschränkt sich nicht nur aufs Füttern,

Wie fürsorglich sind Wellensittich-Eltern?

Wellensittiche kommen nackt, blind und völlig hilflos auf die Welt. Ohne den Einsatz der Eltern hätten sie keine Chance, auch nur einen Tag zu überleben. Überprüfen Sie doch einmal die »Vater- und Mutterliebe«.

Der Test beginnt:
Versuchen Sie täglich, etwa eine halbe Stunde lang, während der gesamten Brutzeit zu protokollieren, wie häufig der Vater Futter heranschleppt und das Weibchen den Kasten verlässt. Zusätzlich überprüfen Sie, wie häufig die beiden ihre Kinder füttern. Das können Sie natürlich nicht sehen, dafür aber hören. Während des Fütterns betteln die Jungen lautstark nach Futter. Sie erkennen den Bettellaut sofort – er ist unverkennbar.

Mein Testergebnis:

Zeit für die Abgabe 7

▲
Eine kleine bunte Vogelgesellschaft. Wer züchtet, muss sich mit der Vererbungslehre befassen.

sondern auch auf das Hudern (Wärmen und Körperkontakt) und Verteidigen der Brut (→ Seite 132). Das Hudern hat in den ersten Tagen eine große Bedeutung, da Wellensittich-Küken vermutlich genau wie andere Vögel anfangs die Körpertemperatur nicht konstant halten können. Darum sitzt die Mutter ständig auf ihnen und bedeckt sie vollständig. Je bewegungsfreudiger die Jungen allerdings werden, desto weniger hudert sie.

Nach der Brut

Wellensittiche reinigen ihre Bruthöhle nicht selbst. In der Natur übernehmen Ameisen und andere Insekten diese Arbeit. Bei unseren Stubensittichen müssen Sie es tun. Reinigen Sie mit einer harten Bürste und heißem Wasser sorgfältig den Nistkasten. Während der Brut sollten Sie allerdings auf Reinigungsarbeiten verzichten, um die Vögel nicht zu stören. Keinesfalls darf der Kasten vor der nächsten gewünschten Brut in den Käfig oder die Voliere gehängt werden (→ Seite 133).

Zeit für die Abgabe

Ich folge bei der Abgabe meiner Jungvögel den Regeln der Natur. Drei bis sechs Tage nach dem Verlassen des Nistkastens hören die Eltern auf, ihren Nachwuchs zu füttern. Das ist für mich der ideale Zeitpunkt der Trennung. Manche Züchter geben die Tiere ein bis zwei Tage vor dem Verlassen des Nistkastens ab. Das halte ich für zu früh.

Was tun, wenn es Probleme gibt?

Schwierigkeiten mit den Wellensittichen sind häufig auf den falschen Umgang mit den Vögeln oder auf Haltungsfehler zurückzuführen. Überprüfen Sie Ihr Wissen über die kleinen Papageien.

Haltungsprobleme richtig lösen

Wenn Sie das Wesen und die Bedürfnisse Ihrer Wellensittiche kennen und dem auch Rechnung tragen, kann fast nichts mehr schiefgehen. Dennoch steht man manchmal vor einem Problem. Wie es zu lösen ist, erfahren Sie in diesem Kapitel.

DIE MEISTEN PROBLEME, die im Zusammenhang mit der Haltung der kleinen Papageien entstehen, sind mit etwas Verständnis und Zuwendung für die gefiederten Hausgenossen relativ leicht zu lösen.

Spiegel anbalzen

Ein einzeln gehaltener Wellensittich kann kein artgerechtes Leben führen. Wer das zärtliche Schnäbeln eines Pärchens, sein ausdauerndes Bemühen um gegenseitige Zuneigung erleben konnte, kann ermessen, wie verzweifelt ein einzelner Wellensittich nach Auswegen, nach Erleichterung für sein unbefriedigtes Triebleben sucht. Aus Verzweiflung balzt er glänzende Gegenstände und Spiegel an. Er erkennt sich im Spiegel zwar nicht (→ Seite 106), sieht aber im Spiegelbild einen Artgenossen, den er füttern will. Er würgt aus seinem Kropf Speisebrei und reibt ihn auf den Spiegel. Die naturgemäße Befriedigung wird ihm dadurch jedoch nicht ermöglicht, denn die Balz ist ein wechselseitiges Agieren von beiden Partnern und wird durch die Kopulation beendet. Natürlich kommt es nicht bei jeder Balz anschließend auch zur Kopulation, aber der Partner bekommt immer die angeborenen artgemäßen Antworten. Beim Spiegel balzt der Vogel aber gewissermaßen ins Leere. Das durch das Spiegelbild fehlgeleitete Balzverhalten kann schon nach einigen Monaten zu Störungen im Fortpflanzungsverhalten führen. Solche Männchen haben dann Schwierigkeiten, ihre Weibchen zu begatten. Wer sich für sein einsames Männchen ein Weibchen wünscht und auf Nachwuchs hofft, sollte das natürliche Fortpflanzungsverhalten nicht durch einen Spiegel gefährden. Verzichten Sie darauf, einen Spiegel in den Käfig zu hängen.

► Einsame Wellensittiche balzen den Spiegel an, weil sie meinen, einen Artgenossen im Spiegelbild zu sehen.

WAS TUN, WENN ES PROBLEME GIBT?

Kann auch ein Einzelvogel glücklich sein?

Die Antwort ist eindeutig nein. Der Mensch kann dem Wellensittich den Artgenossen nicht ersetzen, so sehr er sich auch darum bemüht und dem gefiederten Freund jegliche Zuwendung gibt. Der Grund ist einfach: Zum Wohlbefinden des Wellensittichs gehört die Unterhaltung in der »Wellensittichsprache«. Das arteigene Gezwitscher hat Auswirkung auf seinen ganzen Körper. Bestimmte Laute bewirken z. B., dass die Produktion von Hormonen startet (→ Seite 119). Was dem Einzelvogel bleibt, ist viel Zeit. Einzeln gehaltene Wellensittiche wissen damit oft nichts anzufangen. Sie leiden extrem unter dieser Langeweile, denn sie sind geistig und häufig auch körperlich unterfordert. Solche Vögel werden mit der Zeit immer apathischer und gleichzeitig desinteressierter an der Umwelt. Sie verlassen den Käfig kaum noch und haben vor allem Neuen Angst. Manche entwickeln sogar Verhaltensstörungen wie beispielsweise dauerndes Gezeter, sich selbst die Federn ausreißen oder sich blutig beißen.

Der Wellensittich verweigert die Grünkost

Obwohl Frischfutter gesund für die Wellensittiche ist und keinesfalls auf ihrem Speiseplan fehlen sollte, verweigern manche die Grünkost. Es ist sehr schwierig, einen älteren Vogel aus seinen Essgewohnheiten zu reißen. Beginnen Sie am besten früh mit einer vielfältigen Kost (→ Seite 68). Mein Tipp: Schneiden Sie das Grünfutter so klein, dass Sie es unter das Körnerfutter mischen können, sodass der Vogel durch Zufall davon kostet und auf den Geschmack kommt. Eine andere Möglichkeit ist es, ganz klein geschnittene Grünkost auf der flachen Hand zu verteilen und den Vogel dorthin zu locken. In der Regel untersuchen die Sittiche alle Gegenstände mit dem Schnabel, die sich auf der Hand befinden. Um den Appetit des kleinen Papageis anzuregen, nehmen Sie auch ein paar Hirsekörner in die Hand. Mit Glück frisst er zuerst die Hirse und dann die Grünkost.

Wenn das Bein durch den Fußring geschwollen ist

Das Tragen eines Fußrings ist für jeden Wellensittich, der verkauft wird, Pflicht (→ Seite 53). Allerdings will ich nicht verschweigen, dass der Fußring für den Vogel nicht ganz ungefährlich ist. Er kann daran hängen bleiben und sich beim Befreiungsversuch das Bein brechen. Zu enge Ringe verhindern die Durchblutung. Das kann eine Amputation des Beines durch den Tierarzt zur Folge haben. Achten Sie unbedingt auf den richtigen Sitz des Ringes. Wenn das Bein angeschwollen ist, muss der Ring entfernt werden.

Einzelvögel können kein artgerechtes Leben führen.

Der Vogel trauert um den Verlust des Partners

Ich zweifle nicht daran, dass auch Wellensittiche Gefühle haben, und die meisten Wellensittich-Halter werden mir recht geben. Aber was ein Sittich fühlt, ist schwer festzustellen. Sie machen es einem nicht so leicht wie Hund oder Katze, deren Verhalten wir leichter verstehen. Die Vögel haben keine Mimik, und ihre Lautäußerungen sind uns oft fremd. Ihre großen Verwandten, die Graupapageien, drücken ihre Gefühle deutlicher aus. Ich erinnere mich noch lebhaft an eine rührende Szene, als meine Frau von einer langen Reise zurückkam. Rocky, so hieß einer der Graupapageien, konnte seine Freude nicht verbergen. Stieß ganz leise, sanfte Töne aus, plusterte die Federn auf, näherte sich ihrem Kopf und wühlte mit seinem Schnabel in ihrem langen schwarzen Haar. Die Begrüßungsszene dauerte meist fünf bis zehn Minuten. Für Konrad Lorenz, Begründer der Verhaltensbiologie, Nobelpreisträger und »Vater« der Graugänse, gab es keine Zweifel, dass Vögel Gefühle haben. Anschaulich und ergreifend beschrieb er die Trauer eines Graugans-Ganters, als dieser sein Weibchen verlor. »Er wirkt völlig geknickt, lässt jegliche Aktivität vermissen und buchstäblich den Kopf hängen«. Eine solch »verwitwete« Gans vermittelt den Eindruck hoffnungsloser Gebrochenheit. Sie verliert alle Forschheit und verfällt in Teilnahmslosigkeit. Was Konrad Lorenz mit Augenschein wahrnahm, kann man heute mit modernen Methoden der Biochemie belegen. Forscher der Biologischen Station Grünau in Österreich untersuchten die Blutwerte eines trauernden Ganters und stellten fest, dass bei Trauer bestimmte Hormone im Blut ansteigen. Ähnlich wie bei uns, wenn wir traurig sind. Trauer habe ich auch schon bei Wellensittichen gesehen. Zugegeben nicht so deutlich. Ein Sittich lebte über Jahre alleine bei einer älteren Dame.

> **WUSSTEN SIE SCHON, DASS …**
>
> ### … ein Wellensittich sich verirren kann?
>
> Ein entflogener Wellensittich kann sich so verirren, dass er nicht mehr nach Hause zurückfindet. Der Sittich hat meist zuvor noch nie den freien Himmel gesehen, geschweige denn fremde Vögel, Häuser und Bäume. All dies Fremde flößt ihm Angst ein. Seine Reaktion als Fluchttier ist klar. Er fliegt panisch und verwirrt so lange umher, bis er vor Erschöpfung irgendwo landen muss. Meist ist das sehr weit weg von seinem Heimatort.

WAS TUN, WENN ES PROBLEME GIBT?

Beide leisteten sich Gesellschaft, und die Dame war äußerst lieb zu ihrem Vogel. Leider war Sie nicht davon zu überzeugen, dass der Vogel einen Partner braucht. Als sie starb, kam der Wellensittich zu ihrer Tochter. Zu Beginn war er apathisch, sang und bewegte sich kaum mehr. Mit der Zeit »taute« er ein wenig auf, aber sein Verhalten war zurückgenommen. Der Versuch, ihm einen Partner zu geben, scheiterte. Der Vogel verharrte in seiner Teilnahmslosigkeit. Ich hatte zwar schon erlebt, dass beim Tod eines Partners der Überlebende nach dem Partner rief, aber solch ein Verhalten nicht. Dennoch sollte man versuchen, einem hinterbliebenen Vogel einen Partner dazuzugesellen (→ Seite 132). Über das Schmerzempfinden der Sittiche gibt es wohl keinen Zweifel. Sie äußern ihre Schmerzen in lautem Gezeter. Dies kann man immer mal wieder bei Streitigkeiten beobachten, wenn einer der beiden den anderen unsanft attackiert. Nach allem was wir heute über Gefühle bei Tieren wissen, macht es für mich keinen Sinn, sie Sittichen abzusprechen. Ich habe auch erlebt, wie zärtlich und fürsorglich sie miteinander umgehen können (→ Seite 20).

Wenn die Vögel alt werden

Nicht nur bei Menschen, auch bei Tieren gibt es Anzeichen des Alters. Leichter als bei Vögeln ist dies bei Hunden und Katzen festzustellen. Doch wenn Sie Ihren Senior oder Ihre Seniorin genau beobachten, finden Sie auch bei ihnen durchaus Hinweise fürs Älterwerden. Beim Männchen verfärbt sich die blaue Nasenhaut oft ins Bräunliche, wenn es in die Jahre kommt. Das ist ein Zeichen der hormonellen Umstellung. Auch die Flugkünste der geschickten Flieger nehmen ab. Glücklicherweise tritt dies erst in den letzten Monaten ihres Lebens auf. Während es jungen Sittichen Vergnügen bereitet, ein Hindernis zu umfliegen, fällt das im Alter zunehmend schwerer. Alte Vögel bevorzugen kurze,

▸ *Um den besten Platz an der leckeren Kolbenhirse kann es auch schon mal zu »Handgreiflichkeiten« kommen.*

Informieren Sie sich schon vor der Anschaffung der Vögel über deren **Wesen und Ansprüche**. Erst dann steht einer glücklichen Mensch-Tier-Beziehung nichts mehr im Weg.

gerade Flugstrecken und müssen mit ihren Kräften haushalten. Ähnlich wie ältere Menschen brauchen auch betagte Sittiche eine vertraute Umgebung. Futter und Wasserschalen sollten immer an der gleichen, leicht erreichbaren Stelle stehen. Auch die etwas langsamen und ungelenken Bewegungen lassen auf einen alten Vogel schließen. Die Bindung zwischen den Paaren bleibt auch im Alter bestehen, selbst wenn der Partner etliche Jahre jünger ist. Der Altersunterschied trennt sie offensichtlich nicht. Ihre Nahrungsgewohnheiten ändern sich im Alter kaum. Auch ihre Vorlieben für ganz bestimmtes Futter bleiben erhalten, außer dass sie weniger Grünfutter fressen. Auffallend ist, dass ältere Vögel weniger trällern und singen. Vermutlich heißt die Devise jetzt Energie sparen. Nach meinen Beobachtungen wechseln sehr alte Vögel ihr Gefieder nicht so häufig oder gar nicht. Typische Alterserkrankungen, von Tumorbildungen abgesehen, gibt es bei Wellensittichen fast nicht.

Die Wellensittich-Mutter ist gestorben

Leider kommt es immer wieder vor, dass eine Wellensittich-Mutter während der Aufzucht ihrer Kinder stirbt. In den meisten Fällen sterben die Jungen, wenn es nicht gelingt, eine »Amme« für sie zu finden. Haben Sie (oder befreundete Wellensittichbesitzer) ein Weibchen, das gerade Junge aufzieht, stehen die Chancen recht gut, die verwaiste Brut großzuziehen. Glücklicherweise nehmen Sittichweibchen auch fremde, verschiedenaltrige Junge an und pflegen sie meist wie ihre eigenen.
Ein Weibchen hat keine Schwierigkeiten, sich auf das Alter der Küken einzustellen. Hat es z. B. fünf Tage alte fremde und drei Wochen alte eigene Küken im Nistkasten, füttert es die ganz jungen Küken auch noch nachts, während die Älteren nicht mehr gefüttert werden. Besser ist es natürlich, ein Weibchen mit ungefähr gleichaltrigen Jungen für die Waisen zu finden. Dann ergeben sich keine Probleme. Sind die hinzugesetzten Jungen wesentlich jünger als die eigenen, besteht die Gefahr, dass die kleinen Vögel nicht ausreichend gepflegt werden, denn die Pflegetätigkeiten des Weibchens nehmen naturgemäß ab, je älter die Küken werden.
Verwaiste Wellensittiche »per Hand« aufzuziehen, ist komplizierter, als man denkt. Bei wenige Tage alten Tieren ist dies äußerst schwierig. Sie brauchen ein Spezialfutter, denn das im Handel übliche Aufzuchtfutter ist für die Altvögel bestimmt und nicht für Küken. Bei Handaufzuchtfutter handelt es sich um ein Pulver, das als Brei angerührt wird. Erschwerend kommt hinzu, dass die Kleinen in der Nacht vier- bis fünfmal gefüttert werden müssen.
Die Futterspritzen sind meist zu groß. Man braucht eine Spezialspritze, die es beim Tierarzt gibt. Selbst bei älteren Küken ist die Handaufzucht nicht leicht.

WAS TUN, WENN ES PROBLEME GIBT?

▶ *Abgestürzt. Das kann auch einem Wellensittich passieren.*

wuchs. Warum diese Weibchen so handeln, verstehe und weiß ich nicht. Sicher ist nur, solche Weibchen müssen Sie aus der Voliere entfernen. Versuchen Sie, den Störenfried in einem separaten Käfig mit einem Männchen zum Brüten zu bringen. Ich habe erlebt, dass diese Weibchen bei späteren Bruten dann dieses Verhalten nicht mehr zeigen.

Aneinander gewöhnen

Wellensittiche sind Schwarmvögel und zum Schwarm gehört es, dass manche Vögel ihn verlassen oder neue Sittiche mitfliegen. Es ist also überhaupt kein Problem, wenn Sie einen Sittich zu einer kleinen Vogelschar in die Voliere hinzugeben. Schwieriger wird es, wenn von zwei Vögeln einer stirbt und Sie dem Hinterbliebenen einen neuen Partner dazugesellen möchten. In diesem Fall kann es passieren, dass der Hinterbliebene den Neuling als Eindringling auffasst und attackiert. Um dies zu verhindern, gewöhnen Sie die Tiere langsam aneinander. So hat der Altvogel die Gelegenheit, zu trauern, und die Möglichkeit, sich ganz allmählich an den Neuling zu gewöhnen.

Stellen Sie zwei Käfige nebeneinander, sodass sich die Sittiche hören und sehen können. Am Anfang sollten die Käfige Abstand voneinander haben, den Sie aber innerhalb einiger Stunden immer weiter verringern. Nach einem Tag stellen Sie die Käfige eng nebeneinander, sodass die Vögel durch das Gitter Kontakt aufnehmen können. Nach dieser Gewöhnungsphase (zwei bis drei Tage)

Eindringlinge im Nistkasten

Brüten gleich mehrere Pärchen in einer Voliere, wird die Sittichmutter – wie auch im Freiland – ihre Brut heftig gegen Eindringlinge verteidigen. Schaut z. B. ein fremdes Weibchen durch das Schlupfloch, reagiert die Mutter sofort, indem sie kräftig nach ihm hackt. Verschwindet es nicht sofort, können Kämpfe entstehen, bei denen sich die Tiere schwer verletzen. Verteidigt die Mutter ihre Kinder nicht, werden sie von der Rivalin umgebracht. Unter den Sittich-Weibchen gibt es regelrechte Amokläufer. Manche Weibchen ziehen von Nistkasten zu Nistkasten und bedrohen die brütenden Mütter. Bei der erstbesten Gelegenheit schlüpfen sie in den Brutkasten und töten den Nachlasse ich die Vögel gemeinsam fliegen. Nach Abschluss der Erkundungstour und gegenseitigen »Abtastens« kommt jeder wieder in seinen Käfig. Wiederholen Sie die Prozedur zwei bis drei Mal. Mit großer Wahrscheinlichkeit vertragen sie sich jetzt.

»Dauerbrut«

Für ein Wellensittich-Weibchen sind zwei Bruten im Jahr genug, sonst besteht die Gefahr, dass es an Erschöpfung stirbt. Von selbst hört es leider nicht auf zu brüten, und es daran zu hindern ist nicht leicht. Vermutlich steckt dieser enorme Bruttrieb in seinen Genen, denn ihre wilden Vettern brüten ohne Pause, wenn die Bedingungen optimal sind. Gute Bedingungen finden die Vögel als Heimtiere allemal. Hier gibt es immer genügend zu fressen und zu trinken. Um das Brüten zu stoppen, ist guter Rat teuer, und die einzige Möglichkeit ist sicher nicht tiergerecht. Andererseits kann diese Maßnahme das Leben des Weibchens retten. Trennen Sie das Sittich-Paar kurz bevor die Küken den Kasten verlassen. Bringen Sie die Vögel für vier bis fünf Tage in getrennten Räumen unter. So wird das Weibchen nicht durch das Männchen zum Brüten stimuliert (→ Seite 132). Hat das Weibchen allerdings bereits wieder mit der Eiablage begonnen – was sehr wahrscheinlich ist –, lassen Sie die Henne alle Eier legen. Entfernen Sie dann erst den Nistkasten. Es kann sonst passieren, dass ein Ei im Eileiter stecken bleibt, weil sie keine Bruthöhle gefunden hat und in Legenot gerät (→ Seite 95). Eine Sterilisation des Weibchens, bei dem die Eileiter durchtrennt werden, kommt nicht in Frage. Das Narkoserisiko ist bei einem solch kleinen Vogel viel zu hoch.

Sprechen lernen

Für jeden Sittichfreund ist es ein Highlight, wenn sein Vogel endlich zu sprechen beginnt. Doch der Anlass dazu ist oft trauriger Natur: Sprechende Sittiche sind häufig einsame Tiere, die auf diese Weise Kontakt knüpfen. Im Prinzip ist das Sprechen also der Hilferuf nach einem Partner. Den Umkehrbeweis liefern Wellensittiche, die mit ihren Artgenossen zusammenleben. Sie sprechen in der Regel nur die »Wellensittich-Sprache«. Aber Wellensittiche sind Persönlichkeiten und lassen sich nicht alle über einen Kamm scheren. An der Universität von Tuscon (USA) habe ich erlebt, wie drei männliche Sprachgenies mehrere Wörter und kleinere Sätze sprachen, obwohl sie in einer kleinen Vogelschar lebten. Allerdings wurden sie täglich für zwei Stunden von der Schar getrennt und bekamen Einzelunterricht von einer Trainerin. Die Vögel bekamen sofort einen Leckerbissen, wenn sie etwas nachplapperten. Mit viel Einfühlungsvermögen und Ausdauer kann

> **TIPP**
>
> **Per Hand aufgezogene Vögel**
>
> Kaufen Sie keine Sittiche, die per Hand aufgezogen sind. Das Argument, solche Vögel würden leichter zahm, gilt nicht, denn es geht auf Kosten der Tiere. Sie entbehren in den ersten Lebenstagen die Geborgenheit der Eltern und Geschwister. Das wirkt sich nachteilig auf ihre Entwicklung aus.

WAS TUN, WENN ES PROBLEME GIBT?

> **MEIN HEIMTIER**
>
> ### Wie verbringen Wellensittiche den Tag?
> Werden Sie für einen Tag Verhaltensforscher, und finden Sie heraus, was Ihre Wellensittiche während eines Tages so alles treiben. Stellen Sie fest, ob die Tiere zu bestimmten Zeiten ruhen, aktiv sind oder wann sie besonders gesellig sind.
>
> **Der Test beginnt:**
> Notieren Sie 6-mal über den Tag verteilt das Verhalten eines Wellensittichs. Beschränken Sie sich dabei auf einen Vogel. Mehrere Sittiche gleichzeitig zu beobachten ist schwierig und verfälscht das Ergebnis. Fertigen Sie eine Tabelle an, in der aufgeführt wird, was der Vogel tut. Noch besser ist es, das Verhalten mit einer Videokamera zu doku-mentieren. Sie können natürlich Ihren Forscherdrang auch auf weitere Tage ausdehnen.
>
> **Mein Testergebnis:**

man es vielleicht schaffen, dass auch verpaarte und in Gruppen lebende Wellensittiche sprechen.

Wellensittich entflogen

Ein entflogener Vogel, der seine Umgebung nicht kennt, findet nicht allein nach Hause zurück (→ Seite 129). Besser sind die Chancen, wenn der Vogel zahm ist und seine Umgebung schon häufig gesehen hat. Mein Tipp: Stellen Sie den Käfig mit Ihren Sittichen bei schönem Wetter ab und zu auf den Balkon oder in den Garten. Vorsicht vor Katzen und Greifvögeln! So gewöhnt sich der Vogel im Lauf der Zeit an den Verkehrslärm, fremde Vögel und Tiere. Er muss lernen, wie seine Umgebung aussieht. Punky, mein Wellensittich-Männchen, hatte eines Abends ein offenes Fenster erspäht. Neugierig flog er nach draußen. Doch nach ein paar Runden um unser Haus ließ er sich auf der Fernsehantenne unseres Nachbarn nieder und rief aus Leibeskräften. Ich nahm seinen Käfig unter den Arm und kletterte aufs Dach. Mit einem Satz hüpfte er in sein sicheres Heim hinein. Versuchen Sie nie, den Vogel mit der Hand zu fangen, sondern benutzen Sie immer den Käfig zum Einfangen, um das aufgebaute Vertrauensverhältnis nicht zu gefährden.

Wellensittiche sind elegante Flugkünstler, die täglich ihre Flugrunden drehen müssen.

Wellensittich entflogen | 8

Tiersitter-Pass

Sie möchten in Urlaub fahren und ein Tiersitter kümmert sich um Ihre Vögel? Hier können Sie alles aufschreiben, was Ihre Urlaubsvertretung wissen sollte. So sind Ihre Wellensittiche bestens versorgt und Sie können Ihren Urlaub in vollen Zügen genießen!

Meine Wellensittiche heißen:

So sehen Sie aus:

Das schmeckt ihnen:

täglich in dieser Menge:

einmal pro Woche in dieser Menge:

Leckerbissen für zwischendurch:

Das trinken sie:

Die richtigen Fütterungszeiten:

Das Futter wird aufbewahrt:

Hausputz:

Das wird täglich gesäubert:

Wöchentlich reinigt man:

Diese Spiele lieben sie:

Wie man sie beschäftigen kann:

Das mögen sie gar nicht:

Was meine Vögel nicht dürfen:

Das ist außerdem wichtig:

Das ist ihr Tierarzt:

Meine Urlaubsadresse und Telefon:

ZUM NACHSCHLAGEN

REGISTER

Die **halbfett** gesetzten Seitenzahlen verweisen auf Abbildungen.

A

Abenteuerspielplatz *99*
Abschied *84*
Abstürzen **132**
Abszesse *92*
After *52*
Alarmsignale *87*
Alter *12, 130, 131*
-, Abgabe- *125*
- beim Kauf *55*
Anflugübung *102*
Angst *56–59*
Apathie *35, 128*
Artgenossen *11, 24, 35*
Äste *46, 74*
-, ungiftige *46*
Atemprobleme *46*
Atmungsorgan *12*
Atmungssystem *12, 46*
Aufzuchtfutter *124*
Augen *15, 16, 52, 123*
Auswahl *51–53*

B

Badehäuschen *40*
Baden *40*, **82**
Badewanne *40*
Balz *17, 22, 67, 108, 118*
-, Spiegel- *127*, **127**
Beerdigung des Wellensittichs *84*
Bein, Anschwellen des *128*
Beschäftigung *40, 97–104*
Bewegung *43*
Bodengitter *39*
Bodenwanne *38*

Brustbein *11, 52*
Brut *7, 120–125*
-, Dauer- *133*
Bruthöhle *116*
Brutkasten *117–119*, **119**
Brutsaison *21*
Bürzel *27*
Bürzeldrüse *22*

D

Denkleistungen *110, 111*
Deutsche Standard-Wellensittich-Züchter-Vereinigung e. V. (DSV) *27*
Dickleibigkeit *67*
Drohen *23*
Drohlaut *23*
Durchfall *92*

E

Eier *120, 121*, **122**
Eingewöhnung *56, 59, 132*
-, problemlose *59, 60*
Einzelhaltung *127, 128*, **128**
Eiweiß *72*
Energieverbrauch *67, 68*
Entflogen *129, 134*
Erinnerungsvermögen *106*
Ernährung *67–72*
Ernährungsplan *74*

F

Fangen mit den Händen *134*
Farben erkennen *103*
Farbschläge *27–33*
- Blau *30*, **30**
- Gelbschecke mit Olivgrün *32*, **32**
- Grau *33*, **33**
- Graufügel *30*, **30**
- Hellflügel Blau *28*, **28**

- Hellflügel Olivgrün *31*, **31**
- Hellflügel Regenbogen *28*, **28**
- Hellgrün *31*, **31**
- Hellgrün Wildfarben *33*, **33**
- Olivgrün Graugrün *31*, **31**
- Schecke Mauve *29*, **29**
- Violettfarben *32*, **32**
- Weiß mit Zartblau *30*, **30**
- Zimtflügel *29*, **29**
- Zimtflügel Lutino mit Hellgrün *29*, **29**
Feder- und Schnabelkrankheiten der Papageien *90*
Federlinge *89*
Federwechsel *72, 85, 86*
-, erster *21*
Fenster *37, 47*
Fett *73*
Fettdrüse *22*
Fettleibigkeit *67*
Flügeln *24, 46*
Fluggeschwindigkeit *39, 81*
Fortpflanzungsfähigkeit *21, 124*
Freiflug *12*, **14**, **25**, *36, 37, 46, 47, 63, 95, 100*
-, Gefahren beim *37*
-, täglicher *12, 35, 38, 43*
-, verletzt beim *95*
-, zurück in den Käfig nach dem *63, 100*
Frischfutter **41**, *76, 128*
Füße *11, 52*
Fußring *53, 128*
-, Anschwellen des Beines durch *128*
Futter *67–71*
-, Fertig- *70*
-, Grün- **71**, *74, 76, 77*
Futtergefäße *40, 41*, **41**, *45, 46*
Füttern *77, 78*
Futtersuche *8, 102, 103*
Futtervielfalt *69*
Fütterungsregeln *77*

Register

Gedächtnis *106*
Gefahrenquellen *36, 37, 47*
Gefieder *15, 22, 40, 52, 89–91*
-, sauberes *7*
Gefiedererkrankungen *88–90*
Gefiederpflege *12, 22, 23,* **23**,
 81, **81**, *82, 94, 95*
Gehirn *97, 107*
Gemüse *71,* **71**, *74, 76*
Geruchssinn *17*
Gesang *17, 22*
-, Balz- *22*
Geschlecht *14, 55, 116*
Geschlechtsunterschiede *14, 55*
Geschmackssinn *18*
Geschwülste *92*
Gesundheitscheck *52*
Gewichtsprobleme *46, 67–70*
Gezeter *22, 130*
Giftig *79*
Going-Light-Syndrom *91, 92*
Greifhaltung *39*
Grundnahrungsmittel *70*
Grünkost *71,* **71**, *74, 75, 128*

Haltung *25*
-, Männchen- *25*
-, Pärchen- *25*
-, Weibchen- *25*
Handaufzucht *131, 133*
Harlekin **29**
Hausapotheke *93*
Hauterkrankungen *88, 89*
Hautpilze *89*
Herz *12*
Hygiene *35, 39, 41, 81, 95*

Intelligenz *97, 100, 105–107*

Käfig *18, 38–40*
-desinfektion *95*
-gitter *38*
-größe *35, 38*
-reinigung *83*
-standort *36*
-standort wechseln *37*
Kauf *51–53*
Kinder und Wellensittiche *54,*
 55, *64*
Kletterbaum *48, 49, 99*
-, Bauanleitung für *48, 49*
-, Standort für *49*
Kletterseil *99, 104*
Kloake *13, 52*
Kohlenhydrate *72, 73*
Kolbenhirse *71, 78, 79*
Kommunikation *100*
Körner *70*
Körnerfutter *74*
Körpergewicht *11, 15*
Körperpflege *81–83,* **85**
Körpersprache *22, 23*
Kotbällchen *52*
Krallen *39, 82*
- abnutzen *39*
Krallenpflege *82*
Krallen schneiden *82,* **82**, *94*
Krankheiten *87–93*
Krankheitsanzeichen *87*
Kraulen *23*
Kropfentzündung *90, 91*
Küken *121,* **122**, *123*
- Abgabe der Jungvögel *125*
-, Pflege der *124*

Landeplatz **42**, *46*
Langeweile *97, 128*
Laute *108*
Lebenserwartung *11, 51*

Leckereien **71**, *74, 78*
Legenot *95, 133*
Lernen *100–104*
Lernprogramm *107*
Lipome *92*

Mauser *72, 85, 86, 91*
-, erste *14, 21, 123*
-, französische *90*
Mauserhilfe *86*
Medikamente *93*
- geben **89**, *93*
Melopsittacus undulatus 10
Milben *88, 89*
Mineralien *39, 40, 74, 75*
Mineralstoffzusätze *75*
Muskulatur *12*

Nachahmen *108–110*
Nagetrieb *19, 48*
Nahrungsbedarf *68*
Nasenhaut *123*
Nasensekret *92, 93*
Nestlinge *121,* **122**, *123,*
 124
Neugierde *61,* **97**
Nistkasten *116–118,* **119**

Obst **71**, *74*
Ohren *17*

Paarung *7,* **117**, *118, 119*
Papageienkrankheit *91*
Partnerwahl *119*
Pensionen *94*
Persönlichkeit *101*

139

Pflanzen, gesundheits-
schädliche *79*
Psittacine Beak and Feather
Disease (PBFD) *90*
Psittakose *91*
Putzen, sich *12, 22,* **23***, 81,* **81***,
82, 94, 95*

Regendusche *9, 86*
Regenschauer *86*

Schaukel *98, 99, 104*
Schlafen *23, 24, 65*
Schlankheitskur *69*
Schlüpfen *121*
Schnabel *19, 52, 81,* **81**
Schnäbeln *23*
Schnabelpflege *83*
Schnabelwachstum *83*
Schnabelwetzstein *40,* **41**
Schönheitswettbewerb *27*
Schwarm *8, 9, 19, 20, 22,* **26**
Sinne *15–18*
Sinnesorgan *14, 15*
Sittichpartner *13, 64, 65*
Sitzstange *35, 38, 39, 42, 46*
- aus Naturzweigen *39*
Skelett *11*
Sonne *36, 43*
Sozialverhalten *9, 24, 43, 123*
Spiegelbalz *127,* **127**
Spiel *97–104*
Spielsachen *40, 42*
- wechseln *42*
Spieltrieb *40*
Spielzeug *40, 46,* **51***, 98,* **98***,
99, 104*
Sprachtalent *11, 61, 108, 109*
Sprachunterricht *109*
Sprechen lernen *108, 133, 137*

Steckbrief *11–13*
Sterilisation *133*
Stoffwechsel *68*
Streitereien *25,* **47***, 64, 65,* **130**

Temperatur *43, 44*
-, Körper- *11*
- über 35 Grad *9*
Tiersitter *94*
Tod *84*
- der Wellensittich-Mutter
131
- des Partnervogels *84, 129,
130*
Trainieren *100–103*
Transport *57, 58, 94*
- zum Tierarzt *88*
Tricktraining *102-104,* **103**
Trinkgefäße *40,* **41***, 45, 46*
Tumore *92*

Urlaub mit dem Wellensittich
94

Verdauungssystem *13*
Vererbung *114–116*
Verhalten *13, 22, 24, 35, 43*
-, Sozial- *9, 24, 43, 123*
Verhaltensstörungen *46, 128*
- vermeiden *13*
Verhaltensweise *22*
Vertrauen *58, 59, 62, 63*
Vibrationssinn *18*
Virus-Erkrankungen *89, 90*
Vitamine *75, 76*
Vitaminpräparate *75, 76*
Vogelmilbe *88*
Vogelsand *39, 40,* **41**

Voliere *43–46,* **44***, 85*
- Ausstattung *45, 46*
-, Außen- *44*
- Bau *44, 45*
- Platz *43*
- Reinigung *85*
- Standort *43*
- Temperatur in *43, 44*

Wachshaut *52*
Wasser *40,* **41***,* **67***, 74, 79*
Wärmestrahlen *88*
Wellensittiche
-, aggressive *65*
-, gesunde *52*
-, wildlebende *7*
Wellensittiche
- als Heimtiere *9, 10*
- als Leckerbissen *10*
- Wildform *15*
- Zuchtform *15*
Wellensittiche
- und andere Heimtiere *37*
- und Frettchen *64*
- und Hamster *64*
- und Hunde *37, 64*
- und Katzen *37, 64*
- und Mäuse *64*
- und Zwergkaninchen *64*
Wellensittichzüchter *51, 52, 141*
Wellenzeichnung *28, 29, 31*

Zähmung *44, 58–63*
Zehen *39, 52*
Zucht *27, 53, 113–115*
-Richtlinien *27*
Zugluft *37, 43*
Zunge *18,* **81**
Zweige *64, 74, 78*
Zwitschern *22, 65*

VERBÄNDE/VEREINE

Vereinigung für Artenschutz, Vogelhaltung und Vogelzucht e. V. (AZ),
Marienthaler Str. 132,
08060 Zwickau,
www.azvogelzucht.de

Vereinigung für Zucht und Erhaltung einheimischer und fremdländischer Vögel e. V. (VZE),
N. Mensing,
Akazienstraße 4,
39126 Magdeburg
www.vze-vogelwelt.de

Bundesverband für fachgerechten Natur-, Tier- und Artenschutz e. V. (BNA),
Ostendstr. 4,
76707 Hambrücken
www.bna-ev.de

Fragen zur Haltung beantworten auch:

Ihr Zoofachhändler und der Zentralverband Zoologischer Fachbetriebe Deutschlands e. V. (ZZF), www.zzf.de;
Online-Portal des ZZF:
www.my-pet.org,
Tel.: 0611/44755332
(Mo 12-16 Uhr, Do 8-12 Uhr)
Der ZZF hat einen bundesweiten Suchdienst für entflogene Vögel eingerichtet. Alle beringten Vögel können aufgrund der Fußringe identifiziert und ihrem Besitzer zugeordnet werden.

Deutscher Tierschutzbund e. V.,
In der Raste 10,
53129 Bonn,
www.tierschutzbund.de

Schweizer Tierschutz (STS),
Dornacherstr. 101,
CH-4018 Basel,
www.tierschutz.com,
E-Mail: sts@tierschutz.com
Tel.: 0041/61/3659999,

Österrerischer Tierschutzverein e. V.,
Berlaggasse 36,
A-1210 Wien
www.tierschutzverein.at

Hier erhalten Sie Adressen von Tierarztpraxen, die mit Naturheilverfahren arbeiten:

Gesellschaft für ganzheitliche Tiermedizin e. V. (GGTM),
www.ggtm.de,
E-Mail: info@ggtm.de

Empfehlenswerte Internetadressen:

www.birds-online.de
www.papageien.de
www. papageien-training.de

Informationen über giftige Pflanzen finden Sie unter:
www.giftpflanzen.ch
www.botanikus.de

BÜCHER, DIE WEITERHELFEN

Hahn, U.:
Vogelkrankheiten.
Verlag M. & H. Schaper,
Hannover

Knecht, Carola:
Hobby Wellensittich-Zucht.
Oertel + Spörer Verlag,
Reutlingen

Niemann, H.:
Wellensittich. Alles fürs perfekte Zuhause.
Gräfe und Unzer Verlag,
München

Quinten, D.:
Ziervogelkrankheiten.
Ulmer Verlag, Stuttgart

Weber A.:
Vögel - Homöopathie und Kräuteranwendung.
Ennsthaler Verlag, Steyr

Wilbrand, A.:
Natur - Volieren im Selbstbau.
Oertel + Spörer Verlag,
Reutlingen

ZUM NACHSCHLAGEN

ZEITSCHRIFTEN

WP-Magazin, Europas größte Zeitschrift für Vogelhalter. Arndt-Verlag, Bretten

Papageien, Fachzeitschrift für die Haltung, Zucht und das Freileben der Sittiche und Papageien. Arndt-Verlag

Gefiederte Welt. Arndt-Verlag, Stuttgart

Der Vogelfreund. Fachzeitschrift des DKB, Hanke Verlag GmbH, Künzelsau

AZ-Vogelinfo. Zeitschrift für Mitglieder der Vereinigung für Artenschutz e. V., Verlag M. & H. Schaper, Hannover.

DANK

Dank an meinen Doktorvater Professor Tschanz, mit dem ich manchmal bis spät in die Nacht konstruktiv über das Verhalten der Wellensittiche diskutiert habe, und Herrn Professor A. Steiger für seine praxisbezogene Wellensittichforschung.

FOTOS

Die Abbildungen der Kapitelaufmacherseiten zeigen:
Seite 6: Wellensittiche knabbern an allem.
Seite 34: Gegenseitiges Kraulen.
Seite 50: Weiche Landung.
Seite 66: Hirse schmeckt wunderbar.
Seite 80: Gefiederpflege.
Seite 96: Turnen am Tuch.
Seite 112: Schnäbeln.
Seite 126: Ein ungefährlicher Knabberspaß.

Die Fotografen

Oliver Giel hat sich zusammen mit Eva Scherer auf die Bildproduktion von Tier- und Naturthemen spezialisiert. Ihre Arbeiten kommen neben Büchern auch in Zeitschriften, Kalendern und der Werbung zum Einsatz. Ein umfangreiches Bildarchiv und weitere Infos gibt es unter: www.tierfotograf.com
Monika Wegler gehört zu den besten Heimtierfotografen Europas. Sie ist auch als Journalistin und Tierbuch-Autorin sehr erfolgreich. Viele ihrer Bücher sind im Gräfe und Unzer Verlag erschienen. Mehr über ihre Arbeit finden Sie unter www.wegler.de
Folgend Fotos in diesem Ratgeber stammen von ihr:
U3-3, 5-unten, 6, 17-oben, 23-oben, 28-1 rund, 28-2 unten, 29-3 oben, 29-4 oben-rund, 29-5 unten, 29-6-unten-rund, 30-1 oben, 30-2-oben-rund, 30-3-unten, 31-1 oben, 31-2, oben-rund, 31-3-unten, 31-4-unten-rund, 32-1-oben-rund, 32-2-oben, 32-3-unten, 32-4 unten-rund, 33-1-oben, 33-2 unten-rund, 33-3-unten, 34, 35-unten, 43 oben-rund, 49 oben, 51-unten, 53 oben, 54, 56-rund, 58-1-oben, 58-2-oben, 59-3-oben, 60, 66, 67-unten, 69, 76-unten, 79-unten, 84, 85, 96, 97-unten, 100, 104, 106-unten, 108-1-links, 109-2-Mitte, 109-3- rechts, 111-unten, 112, 120, 122-1-links, 122-2-rechts, 122-3-links, 122-4-rechts, 122-5-links, 122-6-rechts, 125-oben, 126, 127-unten, 132-oben, 135, U5-1, U5-2, U6-1, Poster
Fotos anderer Fotografen:
Ardea: Hans u. Judy Beste: 8-1, Don Hadden: 8-2
NHPA: Dave Watts: 9
Okapia: 26-unten
Vogelzucht Arko: 44
Weidenmüller: 45-1 u. 2
Arco: 55,113
Nature Picture Library: 115

Die werden Sie auch lieben.

ISBN 978-3-8338-5512-2

ISBN 978-3-8338-3637-4

ISBN 978-3-8338-3639-8

ISBN 978-3-8338-3801-9

 Auch auch als eBook erhältlich.

ISBN 978-3-8338-5509-2

ISBN 978-3-8338-3634-3

Mehr von GU auf **www.gu.de** und
facebook.com/gu.verlag

IMPRESSUM

Der Autor

Der Freiburger Verhaltensbiologe Dr. Immanuel Birmelin beschäftigt sich seit über 25 Jahren mit der Erforschung des Verhaltens von Haus-, Zoo- und Zirkustieren. Er hält selbst Wellensittiche, Meerschweinchen und Hunde. In seiner Doktorarbeit untersuchte er das Schlupfhilfeverhalten der Wellensittiche. Im Gräfe und Unzer Verlag sind bereits die GU-Tierratgeber »Wellensittiche glücklich und gesund«, »Mein Meerschweinchen« »Meerschweinchen«, und »Der schlaue Hund« von Immanuel Birmelin erschienen. Gemeinsam mit Volker Arzt ist Dr. Birmelin auch Autor vieler Fernsehbeiträge über Tiere.

Syndication:
www.seasons.agency

© 2008 GRÄFE UND UNZER VERLAG GmbH, München. Alle Rechte vorbehalten. Nachdruck, auch auszugsweise, sowie Verbreitung durch Film, Funk, Fernsehen und Internet, durch fotomechanische Wiedergabe, Tonträger und Datenverarbeitungssysteme jeder Art nur mit schriftlicher Genehmigung des Verlages.

Projektleitung:
Nadja Harzdorf, Gabriele Linke-Grün
Bildredaktion:
Nadja Harzdorf, Gabriele Linke-Grün
Umschlaggestaltung:
independent Medien-Design, Horst Moser, München
Innenlayout:
independent Medien-Design, Horst Moser, München
Satz: Christopher Hammond, München
Herstellung:
Susanne Mühldorfer
Repro: Longo AG, Bozen
Druck und Bindung:
F&W Druck- und Medienzentrum, Kienberg

ISBN 978-3-8338-0187-7

12. Auflage 2019

www.facebook.com/gu.verlag

DIE GU-QUALITÄTS-GARANTIE

Wir möchten Ihnen mit den Informationen und Anregungen in diesem Buch das Leben erleichtern und Sie inspirieren, Neues auszuprobieren. Alle Informationen werden von unseren Autoren gewissenhaft erstellt und von unseren Redakteuren sorgfältig ausgewählt und mehrfach geprüft. Deshalb bieten wir Ihnen eine 100%ige Qualitätsgarantie. Sollten wir mit diesem Buch Ihre Erwartungen nicht erfüllen, lassen Sie es uns bitte wissen! Wir tauschen Ihr Buch jederzeit gegen ein gleichwertiges zum gleichen oder ähnlichen Thema um.
Wir freuen uns auf Ihre Rückmeldung, auf Lob, Kritik und Anregungen, damit wir für Sie immer besser werden können.

GRÄFE UND UNZER Verlag
Leserservice
Postfach 86 03 13
81630 München
E-Mail:
leserservice@graefe-und-unzer.de

Telefon:	00800 / 72 37 33 33*
Telefax:	00800 / 50 12 05 44*
Mo–Do:	9.00 – 17.00 Uhr
Fr:	9.00 – 16.00 Uhr

(* gebührenfrei in D, A, CH)

Ihr GRÄFE UND UNZER Verlag
Der erste Ratgeberverlag – seit 1722.

Ein Unternehmen der
GANSKE VERLAGSGRUPPE